Flipped Classroom for Active Learning

アクティブラーニング型授業としての反転授業

森 朋子・溝上慎一 編
Tomoko Mori & Shinichi Mizokami

実践編

ナカニシヤ出版

まえがき

　理論編，実践編の 2 冊の本書は，2014 年から 2 年の間，展開をした反転授業研究会の総決算である。研究会では，日本における反転授業の知見について共有すること，そして個別の授業であっても同じ枠組みで調査を行うことで，日本の反転授業ならではのメタ理論を生成することを目的とした。実に多くの実践者がその研究会には集った。特定のメンバーシップがあるわけでもないので，年 2 回の研究会には，分野も，教員歴も，所属大学規模も，ジェンダーもバラバラである実践者たちが，実践の中で生じるいろいろな悩み，課題を抱えながら研究会に参加し，交流を深めていった。

　それら実践者たちによる反転授業を導入の経緯も千差万別ではあるが，その根底には，目の前にある学生の学習の格差がある。今や ICT の活用によって，時間や場所にとらわれずに，学習者が望めばいろいろな知識が提供される時代であり，教育の格差はどんどん小さくなっているのにも関わらず，目の前にある授業という昔ながらの教育の場においては，学習の格差は広がるばかりである。まさにアクティブラーニングで乗り越えたと思っていたその格差は，今なお，大きな壁となって立ちはだかっているのである。

　だからこそ反転授業に取り組んだ多くの実践者は，1 歩でも 2 歩でも学生の学びを深めるために，試行錯誤で導入に至った。この実践編はそのプロセスの記録といってもよいだろう。実践編は，3 部構成になっている。第 1 部では，もっとも導入が多い自然科学系分野における反転授業である。矢野氏，田丸氏，山崎氏，小林氏，望月氏，そして山田氏・濱本氏にその授業デザインや実施の現状についてご報告いただく。第 2 部では，海外ではあまり事例が聞かれない人文社会科学系分野における反転授業実践事例だ。奥田氏，小林氏，七田氏，杉澤氏，岩根氏，宗岡・西尾氏，が，筆を取ってくれた。そして最後には，FLIT（東京大学大学院情報学環・反転学習社会連携講座）が実施した公開授業の実践（伏木田氏）も紹介している。第 3 部は，特定分野の反転授業と名付けたが，例えば全学必修で行う授業の質の保証を目指した知財（阿濱氏），そして医療・医学など国を挙げて教育の質の保証が必須となる学士課程の事例（柴田氏，西屋氏），最後に授業を離れて人材育成の一つの手法としての反転学習（竹中氏）の事例を報告することで，反転授業というデザインが，様々な学びの場において大きな効果を発揮していることをお伝えしたい。

本書を手に取られる方々も，学習の格差を乗り越えたいと思っておられることであろう。その解答は本書だけではなかなか見つけることは難しいかもしれない。しかし私たち「教える」側が「学ぶ」の作り手として試行錯誤を続けていくこと，これこそが実践者・研究者の学びなのであろう。読者のみなさまにもぜひその仲間にお入りいただければ幸いである。

2017年3月

森　朋子

目　次

まえがき　*i*

第1部　自然科学系分野における反転授業

01　共通系生命科学講義における反転授業 ── 3
学修の実質化にむけて　　　　　　　　　　　　　　矢野浩二朗

1. はじめに　*3*
2. 授業の概要　*3*
3. 反転を導入しようとしたきっかけや動機　*4*
4. 反転授業の方法　*5*
5. 反転の効果と課題　*9*
6. おわりに　*13*

02　工学部系科目における反転授業の導入 ── 15
段階的な進化で定着をめざす　　　　　　　　　　　田丸恵理子

1. 工学部への反転授業の導入　*15*
2. 反転授業プロジェクトの概要：段階的な進化　*15*
3. 学習環境　*17*
4. 反転授業のデザイン　*19*
5. 効　果　*23*
6. まとめ，今後の課題　*27*

03　伸びしろのある工学部の大学生を育てるには ── 29
概念と原理のディープ・アクティブラーニングの授業設計　　山崎　進

1. はじめに　*29*
2. 授業コンセプトづくり　*31*
3. 授業設計の要点　*35*
4. 結　果　*39*

04 「生物統計学」における反転授業 ─────── 43
統計的な思考方法と定型的な統計解析技術を身につけるために　小林和広

1　はじめに　*43*
2　授業の概要　*43*
3　反転授業を導入しようとしたきっかけや動機　*44*
4　反転授業の方法　*47*
5　反転授業の効果と課題　*51*
6　今後の課題　*54*

05 「統計学」における反転授業 ─────── 57
数学のレベル差が著しい文系学部での実践例　望月雅光

1　はじめに　*57*
2　授業の概要　*58*
3　反転授業の導入のきっかけ　*59*
4　反転授業のすすめかた　*61*
5　反転の効果と課題　*66*
6　おわりに　*67*

06 数学における反転授業 ─────── 69
「ダブルティーチング」における教授・学習に着目して　山田嘉徳・濱本久二雄

1　はじめに　*69*
2　授業の概要　*70*
3　反転授業の導入の動機　*70*
4　反転授業の方法　*71*
5　反転授業における教授・学習の内容　*73*
6　反転授業における効果と課題　*76*
7　おわりに　*81*

第2部　人文社会科学系分野における反転授業

07　「新入生を対象とした英語科目」における反転授業 ——— 85
奥田阿子

1　はじめに　*85*
2　授業の概要　*86*
3　授業方法　*88*
4　反転の効果および考察　*91*

08　反転授業の実践報告 ——— 97
「英語学講義Ⅰ」
小林亜希子

1　授業概要　*97*
2　これまでの授業方法とその課題　*98*
3　反転授業の方法　*101*
4　学生の様子　*103*
5　反転授業の効果　*104*
6　課　　題　*105*
7　おわりに　*106*

09　「大学で学ぶ教養古典」における反転授業 ——— 107
文学教育でアクティブラーニングを行うことの可能性
七田麻美子

1　はじめに　*107*
2　授業の概要　*108*
3　反転を導入しようとしたきっかけや動機　*109*
4　反転授業の方法　*110*
5　反転の効果と課題　*114*
6　おわりに　*116*

10 「教育統計学」における反転授業 ——————— 117
文系学生に対する統計教育 　　　　　　　　　　　　杉澤武俊

1　はじめに　*117*
2　授業の概要　*117*
3　反転を導入しようとしたきっかけや動機　*118*
4　反転授業の方法　*120*
5　反転の効果と課題　*123*
6　おわりに　*126*

11 フランス語初級文法クラスのプチ活性化 ——————— 127
反転授業的活動の導入事例　　　　　　　　　　　　　岩根　久

1　はじめに　*127*
2　授業の概要　*128*
3　「反転」導入への道　*129*
4　反転授業的活動の導入　*132*
5　観察と感想　*134*
6　おわりに　*136*

12 社会人教育における反転授業 ——————— 139
経営者育成のための大学院教育プログラムの実践　　宗岡　徹・西尾三津子

1　はじめに　*139*
2　授業の概要　*141*
3　これまでの授業方法とその課題　*141*
4　反転授業の方法　*142*
5　反転授業の実施結果と考察　*144*
6　今後の課題　*148*

13 大学1・2年生を対象とした高次能力学習型の反転授業の実践 ——*151*
東京大学　集中講義「Visualizing Tokyo」を事例として　　伏木田稚子

1　はじめに：高次能力学習型の反転授業とは　*151*

  2　東京大学　集中講義「Visualizing Tokyo」の概要　*152*
  3　アクティブラーニングとしての対面学習のデザイン　*154*
  4　本授業を通じた学びの醸成　*159*
  5　おわりに：事前学習と対面学習のつながり　*162*

第 3 部　特定分野における反転授業

14　知的財産科目における反転授業の試み ———— *165*
  Moodle を活用した学習者の主体の学びの仕組み　　　阿濱志保里

  1　はじめに　*165*
  2　授業の概要　*166*
  3　反転授業の導入の経緯　*168*
  4　反転授業の方法　*168*
  5　反転授業の効果　*170*
  6　課　　題　*172*

15　「大学病院のチーム医療スタッフ養成」における反転授業 ———— *175*
  「働き続けたい病院 No.1」を目指した業務内教育　　　柴田喜幸

  1　あらまし　*175*
  2　背　　景　*176*
  3　方法：プログラム全貌と反転授業への移行　*177*
  4　結　　果　*181*
  5　考　　察　*182*

16　医学部における反転授業 ———— *185*
  知識の標準化と活性化を目指して　　　西屋克己

  1　はじめに　*185*
  2　香川大学医学部医学科のカリキュラム　*186*
  3　反転授業を導入した授業の概要　*188*
  4　反転を導入しようとした動機　*188*
  5　反転授業の方法　*189*

6　反転授業に対する学生の反応　*191*
　　7　考　　察　*191*
　　8　おわりに　*194*

17　学修支援者としての大学職員育成における反転学習プログラム —— *197*

竹中喜一

　　1　はじめに　*197*
　　2　研修の概要　*198*
　　3　職員向け研修と反転学習　*198*
　　4　反転学習の方法　*199*
　　5　実施結果　*204*
　　6　課題と今後の展望　*206*

　あとがき　*209*
　事項索引　*212*
　人名索引　*213*

●理論編目次

序　アクティブラーニング型授業としての反転授業　　　　　　　　溝上慎一

第1部　反転授業がもたらした学びの環境

01　「わかったつもり」を「わかった」へ導く反転授業の学び　　　　森　朋子
02　アクティブラーニングとしての反転授業における教育効果（1）　本田周二・三保紀裕
03　アクティブラーニングとしての反転授業における教育効果（2）　三保紀裕・本田周二

第2部　反転授業を支える環境

04　反転授業を支える環境として教員支援を考える　　　　　　　　岩﨑千晶
05　教師を支える　　　　　　　　　　　　　　　　　　　　　　　安部有紀子

第3部　反転授業の個別の形

06　理工系科目における反転授業のデザインと効果　　　　　　　　塙　雅典
07　「ヒューマン・コンピュータ・インタラクション」における反転授業　平川正人
08　理系における反転授業　　　　　　　　　　　　　　　　　　　古澤修一
09　初等中等教育における反転授業　　　　　　　　　　　　　　　福本徹子

第1部
自然科学分野における反転授業

01 共通系生命科学講義における反転授業

学修の実質化にむけて

矢野浩二朗

1 はじめに

　海外に比べると，日本の大学生は授業外学修時間が少なく（文部科学省，2012），授業外学修時間の不足が学生の学力不足をもたらすことが懸念されている。以前に報告した通り，反転授業は学修時間の増加に有効であり，授業内に演習やグループワークを行うことで，学生の能動的な学習を促す効果が認められている（矢野・森，2015）。しかし，学生が反転授業にどれだけ取り組むかは15回の講義の中で常に変化しており，それらを注意深くモニターすることが，教育の質の向上に重要である。この報告では，筆者の反転授業の取り組みを紹介するとともに，それらを事前学習ビデオの視聴記録，テストのスコア，授業アンケートなどを組み合わせて分析した結果を報告したい。

2 授業の概要

　筆者は大阪工業大学情報科学部にて，「生命科学基礎」「情報生命科学」という，主に1-2年生向けの「共通教育」科目で，反転授業を実践している。時間割と教室のサイズの関係で，どちらの科目も同じ内容の授業を週3回実施しており，受講者数は50–130名程度と，かなり幅がある。当学部では，入試で生物を選ぶ学生は15％程度なので，大部分は高校で生物を学習していない，という前提で授業をデザインしている。

　情報科学部の学生が卒業後にライフサイエンス関連の企業に進むことはほとんどない。一方，ITエンジニアとして働く際，ライフサイエンスや医療系の企業向

けに IT システムを構築，導入することは珍しくないので，そのようなときに利用できる生命，医学の基礎知識を教えることを目的にしている．加えて，生命科学の学習を通して，問いを正しく解釈し，論理的な解答をする，データを正確に処理し，的確な解釈を行う，といったジェネリックスキルの育成にも力を入れている．

「生命科学基礎」「情報生命科学」いずれの授業も，15回の講義を三つに分割し，5回の授業で1セクションとしている．各セクションでは，「生命と細胞」「生体物質」「遺伝」といったテーマを設定し，関連する3回の授業，1回の「ふりかえり＋発展課題」，1回の「まとめ＋小テスト」を実施している．これによって，授業では同じ内容を形を変えて3回学習することができ，知識の確認と定着が図れるようにしている．最終的な評価は，各セクションの最後に行う小テストの平均としている．

3 反転を導入しようとしたきっかけや動機

生命科学の学習は理論より事実の暗記が必要になる部分が多く，授業も項目の羅列と説明になりがちである．また，生命科学は一種の複合科学であり，生命の理解には物理や化学といった基礎科学の知識も必要であるが，その知識がない学生も多く，説明の時間を授業中にとるのも難しい．実際，筆者の授業も，いろいろな項目をせわしなく説明しながら，必要に応じて関連する基礎科学の項目も説明する，というスタイルであったが，すべてにおいて中途半端で，教えていても手ごたえはまったく感じられなかった．

そこで，授業外・授業内両方の学修の実質化を目的として，2014年度後期「情報生命科学」の授業から反転授業に取り組み始めた．デジタルメディアを使った教育としては，以前から授業内容を要約した解説音声を SoundCloud（https://soundcloud.com/）で提供しており，それが学生にも好評であったことから，それを発展させる形で，予習教材をビデオとして提供し，授業中はビデオの内容を確認する小テストや，グループワークで発展的な課題に取り組ませる形で授業を開始した．

この2014年度の取り組みについては，既に大学教育研究フォーラムで発表済み（矢野・森，2015）のため詳細は省略するが，端的に述べれば，①反転授業で授業外学修時間は伸びるが，②学生の授業満足度は低下する，という結果に終わった．学生からは「自習形式では微妙なニュアンスの違いから勘違いして覚えていることが多かった」「毎回毎回グダグダしてた印象がある」といった声が上がり，事前学習の難しさと，グループワークの効率の悪さが問題として浮かび上がってきた．

そこで今回紹介する 2015 年度前期の授業では，より多くの時間を事前学習であたえる教材の解説に割き，グループワークの代わりに個人で発展課題に取り組む時間を設けることにした。加えて，学生の負担感の大きかった事前課題でのビデオ内容要約を，誤文訂正問題（後述）に切り替え，手早く事前課題が行えるようにした。これらによって，さらに効率的に授業外学習と教室内活動が行えることを目的とし，授業実践を行った。

4 反転授業の方法

● 4-1　事前学習

1 回の授業あたり，10 分から 15 分程度の「事前学習用ビデオ」と 10 問の「確認テスト」を授業サイトにアップロードする。学生はビデオを見て事前学習し，「確認テスト」に答えることを授業前に行う。確認テストは「誤文訂正問題」，すなわち各問で与えられた文章の誤っているところを修正し，事前学習の記録としてノートに残す。この際に受講生は，必ず与えられた文章をそのまま筆写し，それに対して修正内容がわかる形で修正するよう指導している。たとえば，次のような文章が与えられたとしよう。

> 「⑤核を包む膜は核膜と呼ばれ，それを持つ細胞は原核細胞である」

この場合は単に「原核→真核」と書くのではなく，「⑤核を包む膜は核膜と呼ばれ，それをもつ細胞は（原核）→（真核）細胞である」と書くよう指導している。また，記録は手書きのみで，プリントアウトはいっさい認めない。

● 4-2　対面授業

①授業開始時に，前週の授業の最後で行った「ふりかえりテスト」（下記参照）の採点結果を掲示する。

②事前学習での「確認テスト」のノートを一人ひとり確認する。所要時間は 5 分前後。時間の都合上，確認はノートを書いてきたかどうかのチェックのみとし，正答数などはチェックしない。ノートを書いていない受講生はその場で退室させ，ノートを書いて戻ってくるよう指示する。授業途中で入室しようとする学生がいれば，授業を中断して必ずノートをチェックし，不備があれば入室させない。

```
●事前学習
①10-15分の動画の視聴
内容は「細胞とは」など
②ノートの作成
動画を見て,「確認テスト」(誤文訂正問題)を解き,解答を手書きでノートに書く。
```
↓
```
●対面授業
①ノートの確認
指示通りに「確認テスト」のノートを作ったかを確認。不十分なら,教室外で再度作成するよう指示。
②前回のふりかえりテストの講評
各自の得点を掲示。正答率の低かった問題を解説。
③確認テストの解説
各問のポイントと関連事項を簡単に解説。
④コンセプトの確認
確認テストに関連するテーマについて,文章題で答える。
⑤ふりかえりテスト
授業内容を振り返るために,マークテストを行う。採点結果は翌週公表する。
```
↓
```
●復　習
①復習問題の学習
「ふりかえり＋発展課題」の授業が行われる場合は,過去の事前学習ビデオやノートで復習を行い,確認テストと同形式の復習問題を解く。
```

図1-1　反転授業の流れ

　③「ふりかえりテスト」の解説を行う。採点結果に基づき,正答率が低かった問題を取り上げ,注意点を説明する。所要時間は7分前後だが,テスト全体の正答率が低い場合は,多めに時間をかけて行うようにする。

　④「確認テスト」の解説を行う。受講生全員が自分の解答をノートに準備している状態なので,何人かの学生に自分の解答を説明してもらいつつ,出題の意図,解答,関連する内容の説明を行う。この際,寝ている学生,スマートフォンを触っている学生などは集中的に指名し,学生に緊張感をもたせることを意識している。

　⑤「確認テスト」を2,3問解説したところで,「コンセプトの確認」を行う。ここでは,「確認テスト」で取り上げたテーマに関連する簡単な計算問題,1,2文で解答できる文章題を出題する。たとえば,「確認テスト」でDNAの塩基配列につい

て聞いている場合は，「コンセプトの確認」において，与えられたDNAの塩基配列に相補的な塩基配列を答えさせる，といった形である。学生には1問当たり3分ほど解答時間を与えて，すぐに解説を行う。これにより，「確認テスト」の内容について理解が深まるよう配慮している。

⑥すべての「確認テスト」の解説と「コンセプトの確認」を終えた後に，「ふりかえりテスト」を行う。こちらは「確認テスト」と内容的にはほぼ同じだが，参照物無し，時間制限1問当たり10秒のマークテストとして行い，答案は回収して翌週までに採点し，結果を次回の授業で公表する。これは最終評価とは無関係で，受講生が自分の学習の進捗を確認するために行っている。

● 4-3 復　　習

予習の負担が大きいので，毎週の復習課題は課していない。ただし，各セクションの4回目の「ふりかえり＋発展課題」の授業では，それまでの3回の授業用のビデオをもう一度見て，「復習問題」という「確認テスト」と同形式の問題を解くよう指示する。また，対面授業では「コンセプトの確認」より発展的な課題を「復習問題」の解説の合間にいれ，より高度な思考力を鍛えるようにしている。

● 4-4 事前学習ビデオの作成

参考のため，事前学習ビデオの作成手順について紹介する。

1) パワーポイントスライドの作成

図表と解説文章を一つにしたスライドをPowerPointで制作している。受講生には聴覚障害をもった学生もいるので，図表と文章のスペースは半々程度にし，重要な内容はすべて文章としてスライドに含めている。こうすると，学生は外出先でスマートフォンでビデオを見る際，いちいちイヤホンを出す必要が無く，便利である。ただし，字が小さすぎると後でビデオを制作するときに文字がつぶれてしまって判読できなくなるので，通常は20ポイント以上，最低でも12ポイント以上のサイズのフォントを使っている。

スライドの枚数は1枚1, 2分を目安とし，10分のビデオなら6, 7枚程度のスライドにとどめている。スライド1枚当たりの時間が短い方が変化が生まれて退屈しないビデオになるが，その分収録は難しくなるので，品質と手間のトレードオフを考えて制作する必要がある。

なお，生物系のスライドでは生物の構造などを図表で示すことが多くなるが，これらは全て著作権をクリアしていることが重要である。仮に受講生に限定して公開する場合でも，サーバーなどにアップロードしていつでも自由に見ることのできる状態である場合は，著作権の例外規定は適用されない。それゆえ，筆者はスライドに使う図表は全て自作するかクリエイティブ・コモンズ・ライセンスのものを使用し，ライセンス条件に従って出典などを明記している。最近は，ネット上の画像を使うことについて世間の目は非常に厳しいものになっているので，くれぐれも注意しなければならない。

2）ビデオの収録

筆者は，Camtasia Studio（https://www.techsmith.co.jp/camtasia.html）を使って，1）で作ったパワーポイントのスライドショーに合わせて，音声を録音している。そのため，筆者の顔などがスライドに出ることはない。これは，大阪工業大学の教員が学生に行ったアンケートで，講義ビデオに講師の画像は不要，という声が多かったためである。Camtasia Studio では，図形，矢印などのアノテーションやフェードイン，フェードアウトなどの特殊効果を加えることも可能だが，省力化のため，筆者は一切使っていない。むしろ留意すべきはマイクの質であり，音質が著しく悪かったり，音量が過不足したり変動が大きかったりすると，視聴体験を著しく損なう。安定した録音にはヘッドホンと一体型のマイクが便利である。また，Camtasia Studio には音量を自動調節する機能もあるので，活用すると便利である。作成したビデオは MP4 形式に変換してアップロードする。

3）ビデオのアップロードと公開

ビデオは，ビデオホスティングサービス Wistia（http://www.wistia.com）にアップロードし，Google Site でオーサリングした簡単な授業サイトにビデオを挿入している。スマートフォンで見る場合は，画面は全画面に拡大して視聴できる。Wistia はホスティングしているビデオについて，再生回数，視聴時間，各ビデオのタイムライン上での視聴回数といった詳細なログをとることが可能であり，そのデータに基づいて視聴解析を行っている。

5 反転の効果と課題

● 5-1 履修者数

週3コマ（火曜4限，金曜3限，金曜4限）の授業において，受講者数は各々124名（辞退者4名），87名（辞退者なし），49名（辞退者なし），辞退者を除くと計256名であった。昨年度前期は278名であり，減少した。原因については不明であるが，反転授業を避けた学生が一定数いたことも予想される。

● 5-2 事前学習ビデオの視聴状況

ビデオホスティングサービス Wistia（http://www.wistia.com）を用いて，受講生の事前学習ビデオの視聴動向を見たところ，表1-1の結果が得られた[1]。表1-1には，あわせて対応する授業の「ふりかえりテスト」の結果も示してある。これによると，ロード回数（ビデオのウェブサイトを開いた回数），再生回数（実際にビデオを再生させた回数）いずれも第6回をピークに以後低下しており，とくに再生回数と再生率の低下が顕著である。これは，ビデオと同じページに「確認テスト」の問題が掲載しており，ビデオを見ずに確認テストだけ解く受講生が後半ほど多かったと考えられる。

表1-1 事前学習ビデオの視聴動向

授業	ロード回数	再生回数	再生率	総視聴時間	平均ビュー率	ビデオの長さ（秒）	平均ビュー率×ビデオの長さ（秒）	ふりかえりテスト平均点（10点満点）
第1回	450	306	0.68	17.39	0.24	630	149	実施せず
第2回	555	447	0.81	38.23	0.5	491	244	9
第3回	588	421	0.72	45.64	0.4	721	287	8.58
第6回	661	480	0.73	40.34	0.36	650	235	9.09
第7回	652	449	0.69	49.39	0.32	865	280	8.75
第8回	605	397	0.66	48.64	0.28	1102	311	8.69
第11回	563	326	0.58	35.27	0.32	966	311	8.67
第12回	568	318	0.56	32.99	0.27	948	259	7.5
第13回	549	322	0.59	32.08	0.24	1088	265	8.14

1) 第1回の授業だけは，授業終了後に視聴するよう指示しているため，回数が少ない。

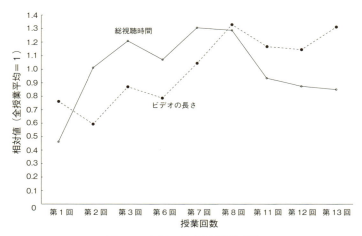

図 1-2　ビデオの長さと総視聴時間

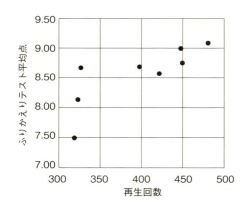

図 1-3　視聴回数とふりかえりテストのスコア

　図 1-2 には，事前学習ビデオの長さと総視聴時間の経過を示している。筆者が作成したビデオは後半ほど長くなる傾向があったが，それに応じて学生の総視聴時間は伸びてはおらず，むしろ図 1-2 に示す通り，ビデオが長くなっても総視聴時間は低下していった。ビデオの長さに平均ビュー率（1 回の視聴で，ビデオ全体の何割を見たか）をかけた値（平均視聴時間に相当）はビデオの長さにかかわらず 270 秒（4 分半）前後であり，一度に 5 分以上のビデオを見るのを期待するのは困難と考えられた。
　また，事前学習ビデオの視聴動向とふりかえりテストの結果を比較すると，図 1-3

に示す通り，視聴回数とふりかえりテストのスコアに強い正の相関がみられた（スピアマンの順位相関係数 $\rho = 0.905$）。ふりかえりテストは確認テストについて解説を行い，発展課題などを行った後のテストであるため，学生の最終的な知識の定着度を定量するものと考えられる。それについても事前学習の程度と一定の関連があるということは，事前学習の量が対面授業の内容の定着に影響を及ぼすと考えらえた。

これらの結果をもとに，事前学習ビデオについて注意すべき点をまとめると，以下のようになる。

> ①とくに対策を取らなければ，学生はビデオを見ずに事前課題を解こうとする
> ②ビデオを長くしても，より長く視聴するとは限らない。つまり，ビデオの長さによって事前学習の長さをコントロールすることはできない
> ③ビデオの1本の長さは5分が限度
> ④ビデオの視聴回数の確保が，対面授業内容の定着に重要

この結果を受けて，本年度後期の「情報生命科学」の授業では，すべてのビデオを最大5分と決め，これより長くなる場合は話の途中であっても強引に打ち切り，次のビデオで説明を移すことにしている。ただし，ビデオの本数が増えることで，一部のビデオしか見られない，という問題が発生する可能性もあり，総視聴時間について今後も注意深く観察する必要がある。

● 5-3 授業アンケート

大阪工業大学では第14，15回の授業で授業アンケートを実施し，「総合的に考えて，この授業を受講してよかったと思いますか？」という問いについて，以下の選択肢を用いて，授業満足度を調査している。

> 回答5：強くそう思う
> 回答4：ややそう思う
> 回答3：どちらとも言えない
> 回答2：あまりそう思わない
> 回答1：まったくそう思わない

一方，同じアンケートで「この授業1回あたり平均して，予習・復習・レポート

表 1-2　アンケートの結果比較

選択肢	「総合的に考えて，この授業を受講してよかったと思いますか？」		時間	「この授業1回あたり平均して，予習・復習・レポート作成・課題作成（準備）に何時間かけましたか？」	
	2015年度(%)	2014年度(%)		2015年度(%)	2014年度(%)
5：強くそう思う	40.2	45.6	5：3時間以上	5.4	4.4
4：ややそう思う	41.1	42.1	4：2時間台	9.8	7.9
3：どちらとも言えない	12.9	10.5	3：1時間台	44.6	42.5
2：あまりそう思わない	2.7	1.3	2：30分−1時間	31.3	34.6
1：まったくそう思わない	3.1	0.4	1：30分未満	8.9	10.5
平均点	4.12	4.31	平均点	2.71	2.61

作成・課題作成（準備）に何時間かけましたか？」という質問と以下の選択肢によって，授業外学修時間も自己申告させている。

回答5：3時間以上
回答4：2時間台
回答3：1時間台
回答2：30分−1時間
回答1：30分未満

　これらのアンケートの2005年度と2014年度の結果を比較したのが，表1-2である。
　授業満足度については，今年度の授業での回答の平均は4.12であり，昨年度の4.31より0.19ポイント低下した。とくに，昨年度はほとんどいなかった「全くそう思わない」という層の増加が目立つ一方，「強くそう思う」の層の減少も明らかである。一方，授業外学修時間については，平均点は2.61から2.71に微増している。もっとも変動が大きかったのは，「1時間台」(2.1ポイント増加)，「30分−1時間」(3.5ポイント減少) であった。今回の取り組みにより，授業外学修時間の増加には一定の効果があった可能性はあるが，「30分未満」の回答もいまだに8.9％あり，大きな課題である。
　学生の授業満足度の低下については，昨年度後期に行った「情報生命科学」の授業でも，反転授業の導入により授業満足度は0.15ポイント低下しており，予想され

た範囲内の結果といえる。予習すること，ビデオで勉強することについて拒否感をもつ学生は一定数いるため，そういった層にも抵抗感のない事前学習方法について，検討する必要があると思われる。

　授業外学修時間が微増にとどまったのは，昨年度の授業で記述式（400字程度で解答）の復習課題の提出を義務づけており，すでに一定レベルの授業外学修時間は担保されていたためと考えらえる。今回は，事前学習ビデオと課題を義務づける一方，課題内容は記述式から負担の少ない誤文訂正方式に変更したため，全体としての受講生への負荷は，大きくは変化しなかったのであろう。

　これら，授業満足度と授業外学修時間の結果と併せて考えると，復習課題に比べ予習課題は，学修時間の上昇以上に学生の満足度の低下を引き起こす可能性があることに注意する必要がある。昨年度後期の「情報生命科学」の授業でも，予習での理解度を確認する授業開始時のテストより，授業内容終了後に行うふりかえりテストのほうが授業外学修時間，最終成績との相関が高く（矢野・森，2015），学生は復習においてより実質的で満足度の高い学修が行える，という可能性を考える必要がある。

6 おわりに

　この報告では，反転授業の課題をあぶり出すために，ネガティブなデータをあえて多く取り上げている。そのため，これだけを見ると，手間をかけて反転授業を行うメリットはないのではないか，という印象を与えるかもしれない。

　しかし，逆にいえば，反転授業を行っているおかげで，ビデオの視聴記録や確認テストの解析が可能になり，教育実践の良い点も悪い点もデータから分析できるようになった，といえる。これらのデータは，授業前−授業終了直後に収集できるので，学生の取り組み方をほぼリアルタイムでみながら授業の振り返りを行える。その結果，授業改善を早いサイクルで行えるようになり，教育の質の向上に寄与している。また，授業内に課題を行わせる機会が増え，その最中に机間巡視を行えるようになったため，授業中の居眠り，私語はほぼ完全になくなった。学生の安眠や会話を妨害することは一部には不評であるが，授業内の規律を維持するためには重要と考えている。

　一方，反転授業を実践する前は，講義内容を時間内に説明するだけで精いっぱいであり，授業内に繰り返しテストを行ったり，学生が授業をどれくらい見ているか

を解析する機会はほとんど無かった。見ることができるのは，小テストの採点結果と授業アンケートで，それらは授業が終わって初めてわかるものであり，改善のサイクルはひどく遅いものであった。また，授業中の居眠り，私語についてもできることは限られ，気がついたときに学生を怒鳴るくらいが関の山であった。反転授業を取り入れることで，こうしたことに関する心配が軽減され，現在ではスムーズな授業進行が行えている。

　それゆえ，現在反転授業の導入を検討されている場合には，単に授業外学修時間や成績の変化だけでなく，授業全体の変化について考慮したうえで，ご自分の授業実践に生かしていくことをお勧めしたい。

【引用・参考文献】
文部科学省（2012）．「学生の学修時間の現状」〈http://www.mext.go.jp/b_menu/shingi/chukyo/chukyo4/siryo/attach/_icsFiles/afieldfile/2012/07/27/1323908_2.pdf（2016年6月20日確認）〉
矢野浩二朗・森　朋子（2015）．「アクティブラーニングとしての反転授業の効果を検討する実証的研究」『第21回大学教育研究フォーラム発表論文集』，188-189．

02 工学部系科目における反転授業の導入

段階的な進化で定着をめざす

田丸恵理子

1 工学部への反転授業の導入

　グローバル化が進む中で，主体性のある学生の育成が急務である一方で，社会や周囲とのかかわり合いが消極的で，学びに対しても受動的で意欲の低い学生が増加している。またMOOCsなどの普及により，学習の選択肢が広がるなか，大学という教育機関が，学生たちにどのような魅力ある学びの場を提供できるかが問われている。山梨大学では2012年度から，「グローバルに活動できる主体性のある学生の育成」を目的に，反転授業の導入に取り組み始めた。本章では教育改革プロジェクトとして活動してきた，山梨大学工学部での反転授業及びアクティブラーニングの3年間の取り組みと成果を紹介する。

2 反転授業プロジェクトの概要：段階的な進化

　山梨大学での反転授業への取り組みは，ICT関連企業との共同研究という形で進めてきた。工学部の授業を実践場としながら，大学の新しい授業スタイルのあり方，学習環境，ICT支援技術などの検討を，表2-1に示すように段階的に進めてきた。
　2012年度後期に四つの講座で部分的に反転授業を導入することから開始した。工学部では教えなければならない知識の絶対量が多く，アクティブラーニングの導入は困難と思われていた。これに対して，「講義をビデオ化して事前学習させる反転授業」が一つの解を与えてくれるのではないかという考えが生まれた。そこでビデオ作成ツールを導入し反転授業の試行に着手した。半年間の試行を通じて，反転授業によってアクティブラーニングの時間が確保できたうえ，学生が寝なくな

表2-1 プロジェクト（反転授業導入）の段階的な進化

年　度	主な施策
2012年度 （後期）	・プレプロジェクトとしてビデオ作成ツールを用いた反転授業を部分導入。 ・反転授業に対して「効果がありそう」「やっていけそう」という手ごたえを感じる。 ・試行件数4件。
2013年度	・本格的なプロジェクト開始。 ・プロジェクトメンバーによる反転授業の本格的な導入。 ・成績向上効果を確認。 ・試行件数7件。
2014年度	・アクティブラーニング教室（AL教室）の構築。 ・AL教室での本格的なアクティブラーニング授業の実践。 ・自学習徹底のためにノートテイキングを導入。学生同士による相互評価の実施。 ・ノート評価のためのルーブリック評価を部分導入。 ・後期，教育系全学委員会の傘下にAL推進プロジェクトチームを設置。全4学部へ反転授業の導入を展開。 ・部分導入を含めて25件程度実施。
2015年度 （前期）	・ノート評価のためのルーブリック評価を本格導入。 ・授業デザインと評価へフォーカス。 ・ID理論を活用した授業デザインを試みる。 ・AL推進チームが中心となり，FD研究会などを通じて事例共有などの普及活動を実施。

る，グループの議論の立ち上がりが早くなるなど，教員たちが確かな手ごたえを感じ，次年度以降の反転授業の本格的導入へとつながった。

　2013年度は前後期合わせて7講座で本格的な試行を実施した。その結果，学生の成績が向上するという明確な教育効果が得られた（塙他, 2013）。当初「ビデオ作成に時間がかかるのではないか」「15分程度のビデオでは教える内容を減らさなければならないのではないか」という懸念があった。しかしながら実際にやってみると，「ビデオは完璧なものを作る必要はない」という考え方に至り，ビデオ作成の負荷は想像ほど大きくないと実感した。さらにビデオの内容は脇道にそれることなく凝縮されたものとなるため，内容をほとんど減らすことなく実施できることもわかった。このように，1年間の本格的な試行により，成績向上という教育効果に加え，事前の懸念点のいくつかが解消された（田丸他, 2014a）。

　2014年度になると，アクティブラーニング教室を構築し，新しい学習環境での反転授業およびアクティブラーニング授業に着手した。従来は階段教室を使用していたため，近くの席の学生同士が振り向いてグループを作り，ワークシートに結果を書き込む程度のワークが中心で，チームとしての一体感も薄かった。これに対してアクティブラーニング教室でのグループワークでは，学生たちはホワイトボードを

囲み，ホワイトボードに書き込みをしながら，活発な議論が行われるようになってきた（田丸他, 2014b）。

2014年度後期から授業デザインへの関心が高まってきた。成績向上という教育効果は得られたものの，本来の目的である「主体性のある学生」を育成するためには，反転授業の導入により確保された対面授業時間のデザインが主要な課題となってきたのである（塙他, 2014）。これに対して，現在はルーブリックを活用した学生同士の相互評価やID（instructional design）理論に基づく授業デザインや分析に着手し始めている。

さらにAL推進プロジェクトチームが教育系の全学委員会の傘下に設置された。このチームが中心となってFD研究会などの機会を通じて，事例共有会やツールの講習会などを実施し，全4学部へ反転授業の普及を推進している。

以上のように，一つずつ懸念点を払拭しながら段階的にプロジェクトを進めてきた。このようにADDIE（analysis-design-development-implementation-evaluation）サイクルを回しながら少しずつ着実に進化を積み重ねていくことが，目標へ到達する近道といえるであろう。

3 学習環境

反転授業とアクティブラーニングの導入を効果的に進めるためには，学習環境の整備は重要である。ここでは山梨大学で導入した学習環境の主要な二つの施策を紹介する。

● 3-1 音声同期スクリーンキャプチャ

反転授業を実現するためには，事前学習を徹底させる必要がある。しかしながらテキストでの事前学習の徹底及び予習レベルを一定以上に担保することは容易ではない。そこで講義をビデオ化して配信することで，ビデオによる事前学習をさせることとした。事前学習ビデオの作成の負荷を軽減するため，音声同期スクリーンキャプチャツールを導入した（図2-1）。教員はPCとマイクを準備し，講義をしているかの

図2-1 音声同期スクリーンキャプチャを用いたビデオの作成プロセス

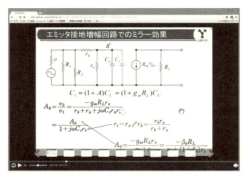

図 2-2　自学習ビデオの画面例

ように PC 上でプレゼンテーションを行うだけでよい。プレゼンテーションの画面の変化をシステムが自動検知し，画面をキャプチャし，その画像が表示されている区間に話された音声と画像を同期して記録することで，紙芝居風動画が作成される（図 2-2）。作成された動画はサーバーにアップロードされる。学生は大学や自宅の PC，スマホやタブレットなどのモバイルツールから，配信動画を視聴することができる。

● 3-2　アクティブラーニング教室

　アクティブラーニングではグループワークを通じたディスカッションや協同問題解決，学生同士の学び合いなどが重要な要素である。これらの活動に対して教室のデザインは大きな影響を与える。

　山梨大学では，80 名が使用できる大教室型のアクティブラーニング教室を構築した（図 2-3）。重要なのは，さまざまな授業スタイルに合わせて自在なレイアウトができることである。あえてテーブルは置かず，片肘机付きの可動式の椅子により任意の場所に学生が集まってグループを形成できるようにした。また，グループ活動を絶えず可視化できるように小型ホワイトボードを設置した。教室の 4 面にプロジェクタで資料を投影できるようにし，学生はどこからでも資料を参照でき，教員

図 2-3　アクティブラーニング教室の風景

も教室内を動き回りどこからでも講義や学生との対話ができるようにした。

4 反転授業のデザイン

　山梨大学での反転授業導入の狙いは，「従来の授業の大半を占めていた一斉講義部分を動画として事前提供することで，貴重な対面授業を，学生にとって一方的・受動的な知識伝達から，学生自身の主体的・協調的な学び合いの時間に転換すること」である。本章では，二つの工学部の講座を取り上げ，具体的にどのように反転授業を実施しているかを説明する。

● 4-1　対象講座
1）プログラミング系科目
　情報メカトロニクス工学科の1年次後期の選択科目である。受講者は約50名。前期の必修科目であるC言語というプログラミング言語を前提知識としている。構造体やポインタ，線形リスト，再帰プログラミングなど，プログラムを作成する上で必要とされる基礎知識と応用技術の獲得を目的とした講座である。教員はベテランであり，反転授業の経験も豊かである。

2）熱工学系科目
　機械工学科の2年次後期の必修科目である。受講者は70-80名。熱の伝わり方に関する学問である。基本的な公式を覚え，それらの組み合わせで解を導く授業であり，解き方を学ぶことを重視している。熱の伝わり方に3種類あり，これによって解き方が異なるため，挫折するきっかけになりやすい。反転授業導入前の合格率は50％程度であった。担当教員は若手であるが，反転授業を3年継続して実施してきた。

● 4-2　事前学習
1）事前学習ビデオ
　事前学習に関するやり方は両講座共にほぼ共通である。教員は事前学習用のビデオを作成し，授業の数日前にサーバーにアップする。学生は，サーバーにアップされた事前学習ビデオを見て，アクティブラーニングに必要とされる事前知識をインプットしてくる。事前学習ビデオの長さは学生の集中力をもたせるために15分以内を目標とし，長時間となる場合は，10-15分のビデオ2，3本に分割するなどの工夫をしている。

表 2-2 事前学習の予習率

	第1回	第2回	第3回	第4回	第5回	第6回	第7回
プログラミング系科目	98.3	100.0	98.3	100.0	—	93.1	89.8
熱工学系科目	—	88.5	98.4	98.4	98.4	—	—
	第8回	第9回	第10回	第11回	第12回	第13回	第14回
プログラミング系科目	93.2	—	—	—	94.6	94.6	94.6
熱工学系科目	98.4	100.0	100.0	—	100.0	100.0	—

　MOOCs など既存のビデオを使用することも可能であるが，事前学習ビデオは予習というよりも，講座の一部であるとの考え方から，山梨大学では，担当教員自身で作成することを基本としている。実際の授業の中でも言い間違えを正したり，言い淀みがあるのが普通であるように，事前学習ビデオでも完璧を目指すのではなく，従来の講義と同等の手作り感のある品質でよいと考えている。

2）ノートテイキング

　事前学習ビデオを視聴する際，学生にはノートテイキングを義務づけた。第1の目的は「事前学習の徹底」である。事前学習を徹底できるかは，反転授業の成立にとって不可欠である。このため，ノートの提出を義務づけ，事前学習を徹底させている。表 2-2 の事前学習の予習率から，ノートテイキングは事前学習の徹底に，一定の効果があると考えられる。

　さらに事前学習は単にやるだけでは意味がなく，「アクティブラーニングに必要な事前知識をインプットしてくること」が目的である。したがって，「能動的にビデオを見る」姿勢を身につけさせることが重要である。これに対して一部の講座では，ルーブリックを活用したノートの相互評価を実施している（表 2-3）。事前学習時にルーブリック表を提示することで，学生は事前学習で何を学ぶべきかを把握したうえでビデオを見る。対面授業時にはルーブリックを活用したで相互評価を通じて，他者のノートを見て互いに学び合う。この方法により事前学習の質が高まることを期待して試行中であり，その成果も一部出始めている（森澤他，2015）。

● 4-3　アクティブラーニング

　工学系の授業では「課題を解くために必要な事前知識を事前学習ビデオでインプットし，グループワークで理解を深め，演習課題をたくさん解くことで問題に慣れる」という基本スタイルがありつつ，各講座毎の個性が反映されている。

表2-3 ルーブリック評価表

	非常に優れている【3】	優れている【2】	改善を要する【1】	行っていない【0】
トランジスタの高周波特性	以下の両方の説明がある ・空乏層によるキャパシタ効果 ・拡散容量と，それが生じる理由	以下のどちらか一つの説明がある ・空乏層によるキャパシタ効果 ・拡散容量と，それが生じる理由	・高周波動作におけるキャパシタンスの生じる理由がない	・トランジスタの高周波特性に関する記述がない
ベース接地高周波T形等価回路	・ベース接地高周波T形等価回路が簡易等価回路も含めて正確に書かれている ・その説明文が100文字以上ある	・ベース接地高周波T形等価回路が簡易等価回路も含めて正確に書かれている	・ベース接地高周波T形等価回路が簡易等価回路も含めて正確に書かれていない	・ベース接地高周波T形等価回路に関する記述がない
エミッタ接地高周波ハイブリッドπ型等価回路	・エミッタ接地高周波ハイブリッドπ型等価回路が正確に書かれている ・T型等価回路との関係式が計算して導き出されている	・エミッタ接地高周波ハイブリッドπ型等価回路が正確に書かれている ・T型等価回路との関係式が書かれている	・エミッタ接地高周波ハイブリッドπ型等価回路が正確に書かれていない	・エミッタ接地高周波ハイブリッドπ型等価回路に関する記述がない
ミラー効果	・ミラー効果の原理の説明が2/3ページ以上書かれている ・エミッタ接地増幅回路におけるミラー効果の例が2/3ページ以上書かれている	・ミラー効果の原理の説明が2/3ページ以上書かれている	・ミラー効果の原理の説明が2/3ページ以下しか書かれていない	・ミラー効果に関する記述がない

1) プログラミング系科目

　本講座は協同問題解決型で，グループで一緒に課題を解くことを中心に授業を回していく。表2-4に本講座の授業構成を示す。事前学習ビデオは達成目標別に10-15分程度のビデオを2, 3本作成し，授業の3日前にアップする。ノート評価のためのルーブリックを事前に提示し，それに従ってノートを作成しながら事前学習するよう指示する。事前学習の内容は授業中には繰り返さない。

　対面授業は，アクティブラーニング教室で行う。4人1組でグループを作り，ホワイトボードと可動式椅子を持って教室内の任意の位置に着席する。授業の冒頭にルーブリック評価表を用いて，自学習ノートのピア評価を実施する。その後グルー

表 2-4 授業の構成（プログラミング系科目）

事前学習
授業の 3 日前に 10-15 分の事前学習動画を 2-3 本を提供。 学生には事前のノート作成を指示する。（ルーブリックを提示） 対面授業中に動画の内容の講義は行わない。
対面授業
4 人グループでホワイトボード（WB）を用意して着席。 ルーブリックの評価表を配布。自学習ノートのピアレビュー。 ルーブリック評価表とノートのコピーを回収。 学習目標と達成目標を提示。 事前学習内容を解説するような基礎課題を WB を使ってグループ討論。 巡回し，必要ならば全体発表，教員による解説。　　　　　　　　　繰り返し 応用問題，演習問題を WB を使ってグループで討論。 巡回し，必要ならば全体発表，教員による解説。

プでディスカッションをしながら問題を解いていく。最初は事前学習の内容を解説するような基礎課題を解く。グループはホワイトボードに問題解決の過程を記述しながら，協同的に問題を解いていく。その間教員は教室内を巡回しながら，各グループの進捗状況を確認したり，質問に応じたり助言を与えたりする。必要に応じて代表グループに発表させたり解答の解説を行ったりする。課題は基礎課題から応用課題へと徐々に難易度をあげて，最終的には達成目標レベルの応用課題が解けるようにする。2，3 分で解ける基礎課題から 10 分近くかかる応用課題まで多様であるが，90 分の授業の中で 7-10 問程度をこなし，問題に慣れさせていく。

2) 熱工学系科目

2012 年度後期から 3 年間継続的に反転授業を実施している講座である。若手教員であり苦労する点が多々ありながらも，毎年改良を重ねている事例である。2014 年度の授業デザインを表 2-5 に示す。事前学習時にはノートテイキングを指示し，ノートを提出させ教員サイドで評価する。対面授業は，ワークシートを配布し，ワークシートの流れに沿って授業を進めていく。授業中は，個人ワークとグループワークを混合する形で行う。授業の冒頭に質問を受けつけ，質問に解答することで，事前学習内容に対する疑問点を解消させる。続いてアクティブラーニングのエクササイズとなるような比較的簡単な問題に取り組ませ，アクティブな活動の準備をさせる。ここでは簡単な選択問題や，「この用語の定義を説明せよ」という課題に対して隣同士で説明し合うなどの活動を行わせる。その後，演習課題を解くことに係

表 2-5　授業の構成（熱工学系科目）

事前学習
授業の 3 日前に 10–20 分の事前学習動画を 2–3 本を提供。学生には事前のノート作成を指示する。予習ノートは授業中に TA がチェックする。
対面授業
名前入りのワークシートを受け取り，教室の任意の場所に着席。 事前学習に関する質問を受け付け，質問の解説を行う（5 分） 確認問題（アクティブ・ラーニングのエクササイズ）（10 分） 講義（これから取り組む課題の解き方の例を示す）（15 分） 演習問題 1（個人ワークとグループワークの混合）（15 分） 演習問題 2（個人ワークとグループワークの混合）（15 分） 演習問題 3（個人ワークとグループワークの混合）（15 分） 演習問題の解説（質問が多い／学生が迷ったところ）（15 分）

る知識として「解き方の例」を講義形式で短時間で説明した後，演習問題に取り組ませる。演習問題は，まず個人で取り組んだ後，ホワイトボードを活用しながらグループで議論させる。その後，代表チームに発表をさせたり，解説を行ったりする。演習課題は 1 問あたり 15 分として通常は 3 問の課題に取り組ませる。授業の最後に学生が解けなかったり苦労した問題に関してさらなる解説を加える。

　2012 年度当初は，反転授業を徹底できず，授業中にビデオ内容を繰り返してしまうこともあった。さらに時間のメリハリがつけられず，演習課題がだらだらと長びくこともあり，内職する学生がみられるなど，授業がなかなか活性化せず，成績の変化も生じなかった。これに対して 2013 年度は活動を 15 分毎に区切ることで学生の集中度を維持するなどの改良を試み成績にも学生の活動にも変化が生じてきた。2014 年度にノートテイキングを導入してからは，予習率も向上した。このように授業デザインを毎年見直し改良を加えることで，徐々にではあるが，その成果が得られてきている。

5　効　果

● 5-1　成　績

　反転授業導入の最も大きな効果として，成績の向上があげられる。本章で取り上げた二つの講座だけではなく，プロジェクト内で反転授業を試行した多くの講座で，成績向上が認められている。

図2-4にプログラミング系科目の試験結果を示す。反転授業の導入前の2012年度に比べ、2013年度に平均値／中央値ともに大きく上昇した。また低得点者が大幅に減少し、高得点者が大幅に増加するという、低得点層の底上げと中得点層を引き上げる効果が得られた。さらに2014年度は反転授業導入後の2013年度と比較しても、さらなる成績の向上がみられ、2014年度に導入した新しい施策（ルーブリック評価など）が着実に成果に結びついていると考えられる。

一方、図2-5の熱工学系科目では、反転授業導入直後の2012年度は試験の平均点や不合格率など、導入前とほとんど変化がみられなかった。しかしながら授業デザイン改良後の2013年度は、平均値が大きく上昇した。合格率も以前は50％前後であったのに対し、86％に改善するという効果が得られた。これに対して2014年度は成績は2013年度とほぼ同等であったという点から、施策の効果は持続しているといえる。2014年度は中間試験で大幅に得点を伸ばしたが、期末試験で成績が低下し、通期では前年変わらなかった。中間試験をみると自力がついてきていると感じられる一方で、得点が合格点に達したら期末で手を抜くという態度がみられ「主体的な学生像」にはまだまだ至っていないという側面も現れた。

● 5-2　対話の変化

対面授業の場での学生の行動や態度、教員と学生との対話にもさまざまな変化が現れてきた。最も顕著な変化としては、質問が増えたという点である。事前学習を通じて「わかっていること」「わからないこと」を把握し、疑問点をもって授業に臨むようになり、これが質問数の増加に繋がったと考えられる。さらにグループワーク中に教員が教室内を巡回することで質問しやすい状況が生み出されており、学生からも「アクティブラーニングでは質問がしやすくなり、その場で疑問が解消できる」という意見が聞かれた。

議論の活性化には教室環境も大きな役割を果たしている。可動式椅子でホワイトボードを囲んでグループが目を合わせて対話する状況を容易に作れることで、メンバー間の距離が近づき、自然にディスカッションする姿勢が形づくられている。活性度の高いグループでは、メンバーの距離が近く、全員が発言する、立ち上がる、複数人がホワイトボードに書き込む、ファシリテータを1人に任せきりにせず交代する、などの活動量の多い行動が頻繁に観察されている。

ホワイトボードというグループの議論を可視化するツールも議論のやり方に大きなインパクトを与えている。学生たちは議論や問題解決の過程をホワイトボード

02 工学部系科目における反転授業の導入

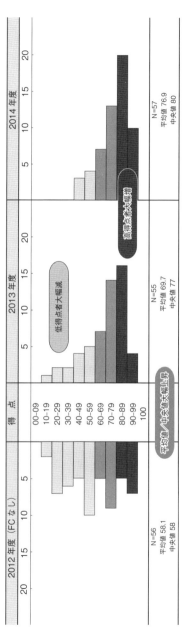

図 2-4 成績（プログラミング系科目）

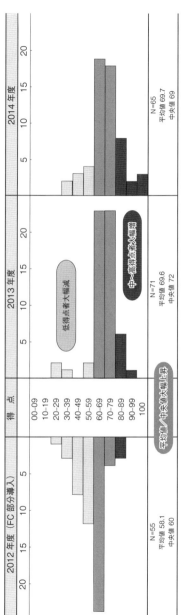

図 2-5 成績（熱工学系科目）

に書き込む。これにより思考過程を客体化でき議論が活性化した。さらに、アウトプットに対して意識が高まり、「チームとしてのアウトプットを最後まで作り上げる」という態度が強まった。たとえば、演習課題に関して教員が解答の解説を始めても、グループの議論を止めず、最後まで自分たちの解答を出そうとする行動がたびたび観察された。また教員にとってもホワイトボードを通じてグループの状況がみえることで、各グループの進捗状況を把握しやすくなり、適切な助言や発表チームの選択、学生の状況に応じた的確な進行ができるようになった。

　一方で課題も出てきている。学生同士の教え合いがうまくいかないケースがみられた。プログラミング関連の講座では、できる学生ができない学生に教える際、直接解答を教えてしまい、プログラムの作成はできたが、なぜそうなるのかのロジックが理解できず、試験の成績が上がらないというケースがみられた。また協同問題解決型の授業の場合、グループとしてできているため、個々人の理解度がみえにくいという課題もあげられた。アクティブラーニングでグループワークを15回継続していくと、最初は学生も活発に議論するが、徐々にトーンが落ちてゆき、活性度が低下するという傾向も一部にみられた。アクティブラーニングに対する慣れが生じてしまうのである。グループメンバーを変えたり、グループワークの手法に多様性をもたせるなど変化とメリハリをつけた授業デザインが必要であろう。

● 5-3　学生は主体的になっているか：学生の意識の変化

　2014年度に反転授業に関するアンケート調査を実施した。この中で、反転授業による理解度や学習意欲、自己効力感などに関する意識を調査した。結果の抜粋を図2-6に示す。プログラミング系科目の結果をみると、70–80%の学生が事前学習ビデオやグループワークによって科目の理解度が深まったと感じており、半数近くの学生が、授業に参加することが楽しく、学習意欲が高まったと感じている。これに対して、熱工学系科目のほうは、同じ設問に対して、あまり芳しい結果とはいえない。熱工学系科目でも成績は向上していたにも関わらず、学生の意識という点では、二つの講座には差異がみられた。

　また反転授業を受講したことで、今後専門科目の学習を進めていく自信ができたかという自己効力感に係る質問では、プログラミング系科目でも、肯定的な評価は30%程度にとどまる。すなわち、受講している講座に関しては、理解が深まり、学習意欲も高まり、授業を楽しいと感じているが、ここで得た経験を他の講座にも適用できるほどには、学生の意識は変化していないのである。

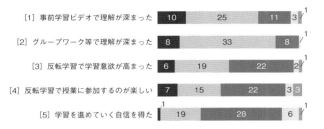

[1] 事前学習ビデオを閲覧して授業に臨んだことによってこの科目についての理解が深まったと思う
[2] 授業中のグループワークなどのアクティブ・ラーニングによってこの科目についての理解が深まったと思う
[3] 事前学習ビデオの閲覧とアクティブ・ラーニングを組み合わせた反転学習によって学習意欲が高まったと思う
[4] 反転学習を取り入れたことによって，この授業に参加するのが楽しくなったと思う
[5] この科目で反転学習をしたことで，これから専門科目の学習をすすめていく自信ができた

図2-6 意識調査アンケート（抜粋）

6 まとめ，今後の課題

　学習に対して意欲の低い学生に，グローバル化する社会の中で生き抜いていくための学力と主体性を身につけてもらうために，反転授業を取り入れたアクティブラーニング授業への転換を試みた。その結果，反転授業により授業時間に余裕が生まれ，本来の達成目標である応用課題まで取り組めるような授業が行えるようになった。また自学習時間の増加，成績の向上，質問の増加など授業の活性化の成果が得られてきた。ただし，本来の目標である「主体性をもった学生の育成」にはまだまだ課題があり，他の科目に影響を与えるほどの意識の変化がみられる学生は多くはない。

反転授業を継続する中で，成果が生まれる一方で課題もみえてきた。一つは教員の頑張りに対して，学生が追いついていない現状がある。合格が決まれば期末で手を抜くなど，まだまだ主体的な学生像にはほど遠い姿がみられる。一方で教員の側でも，反転授業で成果を上げている教員に対して「あの先生は特別」「自分にはあそこまでできない」という感覚をもつ教員がおり，普及を妨げる要因となっている。山梨大学での反転授業への取り組みは，プロジェクトとしてはある一定の成果は得たが，さらに全学に普及／定着させることで，本来の目標に到達できる。このためには，「自分でも簡単に導入できる」と教員が思えるような抵抗感を下げるための施策が必要であり，事例の共有，悩みを相談する場，教員を楽にできるアナログを含めた支援ツールの整備など，まだまだ多くの取り組むべき課題が残されている。実践を重ねるほどに課題が解消されると同時に新たな課題が生まれてきているというのが実情である。今後もこれまでと同様に，段階的に施行と成果の確認を行いながら，小さな進化を繰り返して進めていくことが肝要である。

【引用・参考文献】

田丸恵理子・塙　雅典・森澤正之・安藤英俊・日永龍彦・平野敦資・永峯猛志・篠崎謙吾（2014a）．「音声同期スクリーンキャプチャシステムを用いた学生の主体性を引き出す反転学習の試み」『富士ゼロックステクニカルレポートNo.23』〈http://www.fujixerox.co.jp/company/technical/tr/2014/pdf/s_05.pdf〉

田丸恵理子・塙　雅典・森澤正之・安藤英俊・日永龍彦（2014b）．「反転学習の取組みが対面授業場面での学生行動へ及ぼす影響」『日本教育工学会　第30回全国大会（岐阜大学）』，751-752.

塙　雅典・田丸恵理子・森澤正之・安藤英俊・日永龍彦・伊藤亜希子・平野敦資・永峯猛志（2013）．「音声同期スクリーンキャプチャ技術による講義ネット配信を用いた工学教育におけるフリップトクラスルームの試行」『日本教育工学会　第29回全国大会（秋田大学）』，241-242.

塙　雅典・森澤正之・日永龍彦・田丸恵理子（2014）．「反転学習における対面授業の設計と運営の重要性」『日本教育工学会　第30回全国大会（岐阜大学）』，752-752.

森澤正之・塙　雅典・日永龍彦・田丸恵理子（2015）．「反転学習における事前学習ノートの学生間相互評価の効果」『日本教育工学会　第31回全国大会（東京電気通信大学）』，329-330.

03 伸びしろのある工学部の大学生を育てるには

概念と原理のディープ・アクティブラーニングの授業設計

山崎　進

1 はじめに

　技術や社会が急速に変化する現代において，工学部の大学生に身につけさせるべきことは何であろうか。もちろん詳細は分野によって異なるが，大筋では次の三つで合意できるであろう。

> ①「とことん調べる」「旺盛な知的好奇心をもつ」といった主体的に学習する姿勢
> ②「最低限，基礎的な言葉・概念・原理を知っている」という基礎となる知識と技能
> ③「知っている基礎的な原理を組み合わせて応用する」「ものをつくれる」という基本的な応用技能

　技術や社会が急速に変化するため生涯にわたって学び続ける必要があることから①は必須である。卒業時点の学生がその分野の「常識」すなわち②を知らずにいることは問題視されよう。そして，工学者としては③ができることが社会的に求められるであろう。

　①を重視するがゆえに，筆者はアクティブラーニングに取り組んでいる。それは学生たちに「勉強」という受け身の姿勢ではなく，主体的に学ぶ姿勢を身につけてほしいという，アクティブラーニングのビジョンに共感するからである。したがって，単に他者の行っているアクティブラーニングの教授方略を模倣するのではなく，最善の学びを具現化するためインストラクショナル・デザインの考え方に基づいて最善策を一から検討してきた。現在，筆者は次の2科目でアクティブラーニングを

実施している。

> - ソフトウェア工学概論：大学院博士前期課程1年生向け科目。ソフトウェア工学の知識体系について概観する。リーディング・アサイメントで専門書を多読して素朴な疑問点・不明点を発問させ，それらの中から一つ選んで調査・プレゼンテーションする SQRPR アプローチと呼ぶ独自のアクティブラーニングを行っている。
> - コンピュータシステム：学部生2年生向け科目。コンピュータの動作原理にはじまり，プログラミング言語処理系とオペレーティングシステム（以下 OS）の構成と原理について概観する。

　前者の詳細については既刊の「アクティブ・ラーニングの理想像を目指す授業づくり」(山崎, 2015a) を参照していただければ幸いである。また，これらの科目も含め 2015 年時点で筆者が担当する全ての科目について「ソフトウェア開発の教育のビジョンを語ろう」(山崎, 2015b) で概観している。本章は後者について，筆者の複数の論文やブログ記事 (https://zacky1972.github.io) を再構成し加筆した。

　筆者は長年の考察の末，「概念や原理を理解する」ということは次の学習目標を統合したものだと結論づけた。このような学習目標をインストラクショナル・デザインでは「多重に統合された目標」(multiple integrated objectives) と呼ぶ (Gagné et al., 2004)。

> ①用語の暗記：概念や原理に関連する用語とその意味を対応させて説明できる。
> ②直観的な理解：概念や原理，用語同士の関連について，例示や図示をしながら説明できる。
> ③応用技能：与えられた問題に対し，原理を適用して解を導き出せる。

　本章ではこのうち直観的な理解について実施した三つの教授方略を述べる。

● 1-1　原理を体感するロールプレイング・ワークショップという教授方略

　たとえばコンピュータの動作原理の単元では，CPU になりきって与えられた機械語プログラムに沿ってメモリや I/O にアクセスし計算を進めるグループワークを実施した。このようなグループワークをロールプレイング・ワークショップと命名した。

● 1-2 マルチタスクの単元での教授方略

①単元の初回で次の課題を与える。

- マルチタスクに関連する用語を覚える（たとえば，プリエンプション，コンテキストスイッチ，スケジューリングなど）。
- マルチタスクを身近な例にたとえさせる（解答例としては，料理，事務作業など）。

②単元の2回目で次の課題を与える。

具体例を示すこと／説明図を描くこと／自分の言葉で書くこと

初回であげた身近な例に沿って，初回で覚えた用語を一通り説明させる（解答例としては，事務作業におけるプリエンプションは「上司の指示によって現在行っている事務作業を中断することに相当する」など）。

単元の2回目の課題を与える際に次のことを促す指示や加点評価，フィードバックなどを合わせて行うとより効果的である。

● 1-3 全体を復習する際に覚えた用語同士を関連づける教授方略

①単元の中で覚えるべき用語が多い場合に，クラスター分析をして構造的な順位をつけて分割した。マルチタスクの単元と同様の教授方略を採用する場合，まず身近な例にたとえやすい主要な用語を先に覚えさせる。これを身近な例に関連づけて直観的に理解させしっかり定着させた後で，既に覚えた用語に関連づけるように新たな用語を覚えさせる。

②一通りの学習を終えた後で，覚えた用語を関連深い学習単元ごとに分類させる。

2　授業コンセプトづくり

授業のコンセプトを明確にすると次のような利点が得られる。

- 「何のために学ぶのか」をイメージしやすくなる。これにより学習内容と学習者との関連性を見い出しやすくなるので，学習意欲を喚起することにつながる。
- 選択科目の場合，学生にとってその科目を選ぶか選ばないかを判断しやすい。これによりミスマッチを防ぐことにつながる。
- その授業が成功したのか失敗したのかを評価する方針も定まりやすい。これにより授業改善の指針も明確になり，より成功しやすくなる。
- 授業全体に一貫性をもたせやすくなる。一貫した授業は学生の満足度を高めるのに役立つ。

授業コンセプトは次の要素から構成されると筆者は考えた。

- 授業内容の範囲
- 教え方の方針やスタイル
- カリキュラムの中での授業の役割や位置づけ
- どのような学生が対象なのか
- その学生にどうなってほしいのか
- 学習手段として何を使うのか

これらは互いに関連し合っている。コンセプトに一貫性をもたせるためにきちんとデザインしておく必要がある。

本授業では次のような順番で授業コンセプトを明確化した。

① カリキュラムの中での授業の役割や位置づけ
② どのような学生が対象なのか，その学生にどうなってほしいのか
③ 学習手段として何を使うのか
④ 教え方の方針やスタイル
⑤ 授業内容の範囲

順を追って授業コンセプトを明確化する過程について詳述する。

● 2-1　カリキュラムの中での授業の役割や位置づけ

表 3-1 に北九州市立大学の国際環境工学部情報メディア工学科におけるソフトウ

ェア開発とその周辺のカリキュラムを示す。この表は 2013 年度以降入学生のものであり，表中のカッコ内は 2012 年度以前入学生のカリキュラムの授業科目との対応関係を示している。

コンピュータシステムは，2013 年度から施行したカリキュラムの改定でプログラミング言語処理系と OS の二つの授業を統合した科目として開講することが決まった。統合する理由としては，実際の就職先を考えると学生にプログラミング言語処理系や OS の 2 科目に渡って詳細を学習させるよりも，より普遍性の高い基礎の習得に絞り 1 科目に統合して，空いた時間で他の科目を学ばせるほうがベターだと

表 3-1　ソフトウェア開発とその周辺のカリキュラム

開講期	数理系授業科目	ソフトウェア開発授業科目	システム開発授業科目	VLSI 系授業科目	実験科目
学部 1 年次第 1 学期	離散数学	計算機演習 I		電気回路基礎・同演習	
学部 1 年次第 2 学期	アルゴリズム入門	計算機演習 II			
学部 2 年次第 1 学期	・データ構造とアルゴリズム・同演習 ・形式言語とオートマトン			電子回路ほか	情報メディア工学実験 I
学部 2 年次第 2 学期			コンピュータシステム（プログラミング言語処理系・OS）	論理回路	情報メディア工学実験 II
学部 3 年次第 1 学期		ソフトウェア設計・同演習（ソフトウェア設計論・OOP 演習前半）		コンピュータアーキテクチャ	情報メディア工学実験 III
学部 3 年次第 2 学期		プログラミング・同演習（OOP 演習後半）	ディジタルシステム設計	集積回路設計	情報メディア工学実験 IV
博士前記課程 1 年次第 1 学期	組み合わせ最適化論	ソフトウェア工学概論	組込みソフトウェア	VLSI 設計概論ほか	
博士前記課程 1 年次第 2 学期		ソフトウェア検証論			

考えたからである。

　また，本授業には，より高次な後続科目群への知的好奇心を喚起するというカリキュラム上の役割も期待されていた。

● 2-2　どのような学生が対象なのか，その学生にどうなってほしいのか

　次に決めたのは，学生の現状を踏まえて，どのような学生が対象なのかとその学生にどうなってほしいのかである。

　北九州市立大学のポジションは，古くから地域に根ざした公立大学である。入学試験の偏差値はちょうど50前後で，センター試験も一通り課すことから，良くも悪くも得意不得意がはっきりしない平均的な学生が多い。このような学生は現行の就職活動では不利である。そのため，「学生たちが自分の得意なことを見い出してほしい」という思いがある。

　入学前のプログラミング経験について情報メディア工学科で毎年実施しているアンケート結果によると，ほとんどの学生は大学に入学して初めてプログラミングを経験する。一方，今まで情報メディア工学科出身なのにプログラミングが苦手・嫌いになった卒業生も少なからず存在した。こういう「プログラミング苦手意識を克服してもらいたい」という思いもある。

　そしてコンピュータや情報に関連する技術や社会環境は急速に進化しているため，「自ら学ぶ力を習得してほしい」という思いがある。もちろん授業で学ぶ知識も大事だが，それ以上に「強い知的好奇心と学習意欲をもってほしい」という思いもある。

● 2-3　学習手段として何を使うのか

　本授業の前身の一つであるプログラミング言語処理系の授業は，筆者が初めて15週全ての授業を新規開講した科目であり，教材設計マニュアル（鈴木, 2007）を見ながらインストラクショナル・デザインに取り組んだ最初の授業でもある。この授業では講義をせず自習教材で全て完結するようにした。当然のことながら，「これらの自習教材を資産として有効に再利用しよう」と考えた。

　また，学習環境として学習管理システム（LMS）Moodle を用意しており，学生たちは Moodle の利用に慣れていた。当然，これらの LMS を利用することを考えた。

　教室としては PC を使える演習室や，電子回路実験のための広い作業卓のある教室などがあり，授業の特性に合わせてこれらを使い分けることができる。後者はグループワークにも適していることを経験していた。

学生たちのほぼ全員が入学を機に自分用のPCやスマートフォンを所有しており，自宅やモバイルのインターネット環境ももっている。

● 2-4 教え方の方針やスタイル

まとめると本授業では次の条件が整っていた。

- 自ら学ぶ力を習得してほしいという思いが強い
- 大学と自宅両方で十分なICT環境が整っている
- LMSを前提にできる
- 自習用の教材資産もある程度保有している

以上から，アクティブラーニングや反転授業を全面的に導入する方針を決めたことは自然なことであった。さらに，筆者には既に別の授業でアクティブラーニングや反転授業を導入した経験もあることも後押しした。

● 2-5 授業内容の範囲

授業内容を基礎に絞ることは，カリキュラム上求められていただけでなく，深く学ばせるのに適するが学習時間が多くかかるアクティブラーニングの特性からも必要な施策であった。

一方でコンピュータの動作原理を最初の授業内容として加えることにした。理由はコンピュータの動作原理の理解が，プログラミング言語処理系やOSの原理を理解するのに役立つからだけではない。プログラミングが苦手な学生を観察すると，コンピュータがプログラムをどのように実行するのかが思い描けていないためデバッグに支障をきたしている光景が多く見られたので，コンピュータの動作原理を直観的に理解させることでプログラミング苦手意識の克服にもつながると考えたからでもある。

これらの考察を踏まえ，本授業の授業内容の範囲を絞った。

3 授業設計の要点

本章で述べる授業設計の要点は次の通りである。

- スキャフォールディング＆フェーディング
- 用語の暗記と直観的な理解
- アクティブラーニングの弱点の対策
- 完全習得の徹底
- ふりかえり
- 発問
- 「学ばせてから教える」

● 3-1　スキャフォールディング＆フェーディング

　スキャフォールディング＆フェーディングは自立した学習者を育てる教授方略の一つである。スキャフォールディングは足場作りのことを指し，学習初期段階で積極的に学習を支援する。本授業では懇切丁寧に動画やテキストなどの教材を充実させ，学生が意欲的に学習するよう仕向ける。フェーディングは足場を徐々に外すことを指し，上達に伴って支援を減らし独り立ちさせる。本授業では，授業が進むにしたがって，調べ学習のウェイトを増やし，自立して学習できるように仕向ける。

● 3-2　用語の暗記と直観的な理解

　前述の考察に基づき，一つの単元を用語の暗記と直観的な理解の二つで構成する。
　用語の暗記では，前述のスキャフォールディング＆フェーディングにしたがい，次の2系統の情報を与える。

1）用語の暗記
（1）用語と試験に関する情報源

①最初の段階では，具体的な小テスト例を提示し，どのような試験をするのかを示す。
②最終段階では，キーワードリストのみを与える。

（2）用語の意味に関する情報源

①最初の段階では，要点をまとめたテキストを与える。
②次の段階では，関連の薄い他の情報も多く含むテキストを与える。

③最終段階では，ウェブ上の文献を調べさせる。

2）直観的な理解

直観的な理解では，次の2種類を行った。

（1）ワークショップ

原理を体感させるワークショップとして，ロールプレイング・ワークショップ（山崎他，2015），すなわちCPUやコンパイラ，OSになりきって動作を確認するグループワークを実施した。

（2）用語を関連づける課題

用語を関連づける課題としては，次の2種類を行った。

①用語をメタファに関連づける。たとえば前述のマルチタスクの単元の例
②一通りの単元を学習し終え得た後で，学習した用語を単元に関連づけて分類させる。

● 3-3　アクティブラーニングの弱点の対策

アクティブラーニングには深く学習できるという長所と同時に，時間を要するという弱点がある。そこで次のように対策した。

①「反転授業スタイル」を取り入れて，授業時間中だけでなく課外学習もきちんと設計して実施した。詳しくはブログ記事（http://bit.ly/1KGJmwe）を参照されたい。
②深く学習すべきポイントを注意深く取捨選択した。詳しくはコンセプトづくりの授業内容の範囲の節を参照されたい。
③学生の学習意欲を高く保ち，知的好奇心を駆り立てるような題材を提供することで，学生自身が自らの知的好奇心にしたがって自主的に発展的な学習をするようなしかけを取り入れた。具体的には，各単元でアドバンスト・トピックの教材を提示し，概要と意義を紹介する。

● 3-4　完全習得の徹底

一度教えたら終わりではなく，さまざまなアプローチで繰り返すことを行った。パターンとしては，事前学習➡ワークショップ➡小テスト➡ふりかえり➡期末試験，

調べ学習➡フィードバック講義➡小テスト➡ふりかえり➡期末試験，といった具合である。これにより学習の定着と深い理解を狙う。

　成績評価は学習項目ごとに複数回の小テスト・期末試験を行い，それらのどれかで達成できれば合格とする。点数の累積はしないが，習得状況やアンケートなどから判断して，学生の学習への主体性や努力の状況を把握して，加点評価したりフィードバックコメントしたりする。

● 3-5　ふりかえり

単元の冒頭と末尾でリフレクションを行う。

> - 冒頭では，学習を通じて何を得たいかを表明させる。たとえば，シラバスから想像させてリフレクションペーパーを記述させる。
> - 末尾では，学習をふりかえって何を得たかを表明させる。たとえば，学習内容と学習前のリフレクションペーパーを踏まえて，リフレクションペーパーに追記させる。

これにより，学習内容のより深い理解と定着に直結させる。

● 3-6　発　　問

　学習の内容や方法について疑問点・不明点を発問させる。本授業では Google Drive のアンケート機能を用いて収集し，即時もしくは次回の授業にてフィードバックする。発問の内容によってはホワイトボードでの即席講義を行う場合もある。

　迅速なフィードバックは学習効果と満足度の向上に直結することが経験的にいえる。また，このようにすると素朴だが本質的な問いが集まることが多い。詳しくは「アクティブ・ラーニングの理想像を目指す授業づくり」(山崎, 2015a) を参照されたい。

● 3-7　「学ばせてから教える」

　調べ学習で学ばせた後で，フィードバックを交えながら講義をすることを行った。次のような理由から，高い効果が期待できる。

- 用語を理解した状態で講義を聞ける。講義がわからないで眠ってしまいがちになる最大の原因は用語を理解していないことである。そこで，調べ学習を先にさせることで用語が頭に入った状態で講義に臨める。そのため，講義では用語の説明をせず，本題だけに集中できる。
- 疑問点・不明点を明確にできる。学生にとっては集中して聞くべき箇所がわかるだけでなく，事前に問いを集めることで，教師にとっても集中して説明すべき箇所がわかる。
- 関心・好奇心・意欲を喚起できる。

● 3-8 授業シラバス

完成した授業シラバスの一部を次頁の表3-2に示す。

4 結　果

　このような授業づくりをしたことで，学生の学習意欲を強く喚起し高く維持し続けることができた。とくに講義時の学生の集中度合いは，今まで筆者が経験したことがないほどであった。アンケートやレポート課題からも良好な結果だったことがうかがえる。

　2014年度に実施した授業について，学習効果については改善の余地は多々あった。後半で調べ学習を中心にしたため，確実に正確に理解させるのは困難であることがわかった。学生たちからは模範解答の提示を求められたが，ただ乗りを防止する観点から，模範解答の与え方について苦慮した。

　そこで，2015年度に実施する授業については，Moodleのクイズ機能を利用してこまめに数回に渡る小テストを実施した。2015年度前期で少数の過年度生を対象に試行した上で，2015年度後期の本授業に導入し，良好な結果を得られた。

表 3-2 授業シラバスの例

授業の概要
本授業では，コンピュータがどのように動作するのか，コンピュータシステムを支える基盤であるOSやプログラミング言語処理系がどのような働きをするのかを学習する。

到達目標
1）基礎知識　　コンピュータの基本構成やOS，プログラミング言語処理系に関連する専門用語とその意味を対応させて説明できる。
2）直観的な理解　　コンピュータの基本構成やOS，プログラミング言語処理系に関連する基礎的な概念や原理について，例示や図示をしながら説明できる。また，これらの分野に関連する専門用語同士の関連を説明できる。
3）能動的・自立的な学習　　コンピュータシステムの学習に関して受け身ではなく能動的・自立的に学び続けることを選択できる。
4）上位科目との関連　　関連する上位科目（システム開発授業科目，ソフトウェア開発授業科目，VLSI系授業科目，数理系授業科目，実験科目）とそれぞれどのように関連しているか，シラバスを読みながら自分の言葉で説明できる。
5）システムプログラミング　　OSとプログラミング言語処理系を用いて，与えられた課題を解決するシステムプログラミングを行える。

授業計画・内容
1）オリエンテーション，コンピュータの基本構成と動作原理（事前学習）
2）コンピュータの基本構成と動作原理（ワークショップ）
3）コンピュータの基本構成と動作原理（ふりかえり），C言語のアセンブリ言語コード化（事前学習）
4）C言語のアセンブリ言語コード化（プログラミング演習／ワークショップ）
5）C言語のアセンブリ言語コード化（講義），コンパイラの基本構成／解析部（事前学習）
6）C言語のアセンブリ言語コード化とコンパイラの基本構成／解析部（ふりかえり）
7）インタプリタ（講義）
8）まとめとふりかえり（プログラミング言語処理系）
9）オペレーティングシステム（OS）の基本構成1とマルチタスク（事前学習）
10）OSの基本構成1とマルチタスク（ワークショップ／講義）
11）OSの基本構成1とマルチタスク（ふりかえり），排他制御とデッドロック（事前学習）
12）排他制御とデッドロック（プログラミング演習／ワークショップ）
13）排他制御とデッドロック（ふりかえり），OSの基本構成2とメモリ管理（講義）
14）OSの基本構成2とメモリ管理（ふりかえり），システムプログラミング（講義／ワークショップ／プログラミング演習）
15）まとめとふりかえり（全体）

【引用・参考文献】

井庭　崇（2008）．「学習パターンプロジェクト―アウトプットから始まる学び Output-Driven Learning」『学習パターン』No.13 〈http://learningpatterns.sfc.keio.ac.jp/〉

鈴木克明（2007）．『教材設計マニュアル―独学を支援するために』北大路書房

山崎　進（2015a）．「アクティブ・ラーニングの理想像を目指す授業づくり」中溝幸夫・松尾太加志［編］『教師が変わる，学生も変わる―ファカルティ・ディベロップメントへの取り組み』（シリーズ　北九大の挑戦 3）九州大学出版会，pp.153-164.

山崎　進（2015b）．「ソフトウェア開発の教育のビジョンを語ろう」『日本ソフトウェア科学会第 32 回大会，日本ソフトウェア科学会』〈http://bit.ly/1iqXFf6〉

山崎　進「新時代の授業スタイル「反転授業」と「アクティブ・ラーニング」を失敗なく組み合わせるには」〈http://bit.ly/1KGJmwe〉

山崎　進・佐藤　敬・次郎丸沢・舘　伸幸・岩野正史（2015）．「直観的な理解を促進するワークショップ「コンピュータの動作原理」の授業設計」『パーソナルコンピュータ利用技術学会論文誌』**9**(1–2), 40–48.

Gagné, R., Wager, W., Golas, K., & Keller, J.（2004）．*Principles of instructional design* (5th ed.). Belmont, CA: Wadsworth.（鈴木克明・岩崎　信［監訳］（2007）．『インストラクショナルデザインの原理』北大路書房）

【参考ウェブサイト】

山崎　進「ZACKY's Laboratory」〈https://zacky1972.github.io〉

04 「生物統計学」における反転授業

統計的な思考方法と定型的な統計解析技術を身につけるために

小林和広

1 はじめに

　わたしは専門科目の「生物統計学」と専門の初年次教育科目である「農業生産基礎セミナー」の二つの授業で反転授業を導入した。反転授業を導入したこの二つの授業は対照的な性格をもつ。

　農業生産基礎セミナーで取り上げる内容，たとえばノートのとり方，スケジュール管理は人によって答えが違うはずである。一方，生物統計学では決まった手順で統計的推定や検定を行わなければならない。決まった手順で答えを出すのだから誰もが同じ答えを導き出すはずである。もともと比較しようとする意図があったわけではないが，それぞれ「人それぞれの答えを求める授業」と「だれもが共通して同じ決まった答えを求める授業」であり，結果的に，このような二つの対照的な授業で反転授業を導入することになった。

　今回はその一方である「生物統計学」についての反転授業の実践例を紹介する。もう一方の「農業生産基礎セミナー」についてはホームページ（http://www.ipc.shimane-u.ac.jp/food/kobayasi/）に実践例を随時，公開している。

2 授業の概要

　「生物統計学」は島根大学生物資源科学部農林生産学科農業生産学教育コースの専門科目である。2年生以上を対象とした選択科目であり，受講生は約15名である。本コース以外のコースや他学科でも選択できる科目であるので，数名，本コース外の学生も受講する。シラバスに掲載した授業の目的は，「農学研究に必須の統計学

と分散分析の知識および実務能力のうち，基礎的な事柄について学び，さらに実際にエクセルを利用して，実験で得たデータを統計的検定ができるようになること」であり，達成目標は，「①エクセルを利用して，t検定，カイ二乗検定，F検定，分散分析，相関分析，単回帰分析ができる」こと，「②統計的な考え方を身につける」こと，「③統計学に基づいた基本的な実験計画を立てることができる」ことである。授業の進め方は，シラバスにおいて以下のように示した。

> 数学や数式をなるべく使わないで，統計的な考え方を理解するために，プロジェクターなどを使用して，できるだけ視覚的に説明していきます。授業の最後には毎回宿題を出し，毎回の宿題が授業とつながり，統計的手法を自分で計算したり，パソコンソフトを使ったりして，自分で利用できるようにしたいと思います。反転授業を取り入れた授業を行います。最初に予習教材をみて，自分で統計解析の手法を学び，それを使って，予習問題を自力で解答します。授業の最初に答え合わせをしたプリントを返却し，答え合わせをします。授業の後半では応用，発展問題を解き，統計の手法だけでなく，統計的な考え方を身につけるようにします。

3 反転授業を導入しようとしたきっかけや動機

● 3-1 きっかけ：ほとんどの学生はマニュアルでわかる

生物統計学で反転授業を導入し，それで学生が理解できそうだと考えたきっかけはきちんとした統計的手法のマニュアルをホームページに載せておくとだいたいの学生はそのマニュアルをみて，統計的な解析をできるようになっているということからだった。大学生ともなると，大半の学生はきちんとしたマニュアルがあれば教師が対面で教えなくてもかなりの理解を示す（もちろんマニュアルだけでは理解できない学生もいる。このような学生は反転授業への適応がむずかしいのかもしれない）。だから授業でマニュアルを説明して，宿題でやっていたそれまでのスタイルだと，学生は授業中にマニュアルの説明を受けてはいても実際に計算するわけではないので，内容がなかなか頭に入らなかった一方，宿題をやるときにホームページのマニュアルを見ながら自分で計算するとやり方がわかるということだった。結局，それまでの授業の説明時間はあまり生きた学習時間ではなかったということになる。それならば，予習でマニュアルを使いながら，統計的な解析を実際に行わせ，授業では新

しい問題を自分でやって理解度を確認することができるし，さらに統計学で必要なものの考え方を養う時間も授業中に設定できる．

● 3-2 統計的なトピックスをディスカッションしてほしい

生物統計学ではきちんと決まった手順を踏んで統計的手法を使わなければならない．さらにどの状況でどの統計的手法を選ぶかを間違えてはいけない．その一方で単に機械的に統計的手法を利用すると間違いを犯す危険性が大きい．自動車の運転やコンピューターの利用と同じように，利用者はほとんどその仕組みを理解していないにもかかわらず，利用する．マニュアル通りに運転する（統計解析する）方法を身につける一方で，安全運転する（正しく統計的手法を利用する）ためにはそのための教育が必要だ．統計的な手法を正しく使うためには統計的な考え方を身につける必要があり，そのためには間違いを犯した解析例を題材にどこに過ちがあるのかを学生自身に考えさせると効果的である．しかし，従来型の講義ではそこまで考える時間を用意できないので，宿題にするしかなかった．しかし，学生もいろいろ忙しいのか，じっくり考えてほしい宿題であっても考える時間は宿題提出に必要な最小時間しか使わない．さらにこのような問題は学生同士でああでもないこうでもないと議論するとよさそうだと考えた．学生同士，そしてできれば教員やティーチングアシスタント（TA）も交えたディスカッションができないだろうか？

大学の単位制度上は，自主的な学習をしている時間を対面で授業する時間より長くとることを求められており，その時間を反転授業の予習に利用する．しかし教師と学生が対面する90分の授業はもっとも大切な時間である．従来の講義ならテレビを見ているのと同じで，それをビデオに撮れば家でも同じ内容の講義が受けられる．今やウェアラブルカメラもあるから，友達に授業をビデオに撮っておいてもらい，家で視聴したって同じことだ（もちろんすぐに質問はできないし，同じ授業に出た友達と授業の話をすることはできないが）．それなら毎年，貴重な時間と体力を裂いて，しんどい授業をする意味は何だろうか？　そこで対面の時間で何をするかをしっかりと考えたいと思った．

● 3-3 予習の重要性が実感できるのでは？

反転授業による授業は授業の一部を予習教材に振り替えるともいえる．そこで浮いた授業時間をディスカッションに使うことができる．しかも予習である程度の予備知識があるため議論のレベルもある程度は保証されるのではないかと予想した．

予習もしないでいきなり議論させようとしても,地図のないまま,山の奥に放り出されるようなものである。

現実には予習を要求しない限り,学生は授業前にほとんど予習しないが,それは予習,下調べの価値を認識していないからである。大学生活のうちに事前に下調べすることの価値を認識させ,予習の習慣を身につけてもらいたい。誰かに何かを学ぶときに事前に下調べしなければ,その人に直接会って話を聞く時間が短かろうが(ふつうはそんなに長い時間,相手を拘束できない),長かろうが(というか下調べしていなければ長く話が続かない),十分な情報を相手から引き出して,学びを深めることはできない。反転授業では予習してこないと,授業中の演習やディスカッションにはほとんど参加できないし,授業から得るところが少ない。この授業を通して,人から何かを学ぼうとするなら予習と下調べの効果が大きいことを実感できるはずだ。

● 3-4 じっくりと考える価値

考える時間を十分に与え,じっくり考えたことが実を結ぶ授業に参加できるということによってじっくり考えるという習慣を身につけることができる。講義で学生に質問しても,時間の制約上,すぐに答えが出る質問をするしかない。予習もしないで授業で議論させようとしても,その場の思いつきを羅列するだけになる。議論は深まらない(調べていないのだからある意見に対する意見もその場の思いつきである)。思いつきの意見からなる議論の応酬には発展はない。授業で自主的に挙手を求めるタイプの質問をすると,素速く解答を出すだけの学生ばかり発言するが,解答にたどり着くのがカメのような熟考型の学生も(あるいは「熟考型の学生だからこそ」)じっくり考えているはずだ。クイズ番組で求められるような即答も現代社会では必要な能力ではあるし,受験勉強時代はその能力を鍛えることが優先される。だから学生は短くしか考えない(でなければたくさんある試験問題をこなせない)。しかし,じっくり考えることによってより深いレベルの思考にいたることを実感させることは大切だ。議論すべき内容を授業前に予習としてじっくり考えておかせることで,授業中の議論を深いレベルにしたい。

● 3-5 間違い,失敗の共有

反転授業では,事前に教材で予習し,問題を解答するので,間違い,失敗を学生の間で授業のときに共有することができる。学生に限らないのかもしれないけれども,学習とは正解を覚えることだと考える学生は多い。せいぜい最短距離で(試行錯誤

による失敗をしないで）効率的に正解に到達する方法を身につけることが学習と思っているのかもしれない。その結果，間違うことはよくないことだから間違わないようにしようとするので，間違いを恐れて学生は考えようとはしなくなる（反射的に答えを出せるようにするのが理想の授業となってしまう）。考えなければ間違いようがないからだ。間違いを繰り返す試行錯誤も時間の無駄なのでいっさいしない。そして，さっさと正解とそれにたどり着く方法だけ覚えることで学習は終わる。

確かに受験勉強ではこの効率的な方法が唯一の学習方法かもしれない。しかし，間違うこと，その間違いがどうして起こったのかを考えること（その過程でさらに間違えることもある），友達同士で間違いを共有することなどは大切なことではないのだろうか？　授業の問いかけで学生が正解をいったところで教師はそこから新しい認識をえることはほとんどない一方で，間違った答えから教師の側が新たな認識を受けることは多い。試行錯誤は失敗だらけだろうけれども，正解とはすべての間違いを消し去った後に残るということすらあるかもしれない。シャーロック・ホームズは「ほかのあらゆる可能性がダメとなったら，どんなに起こりそうもないことでも残ったものが真実だ」（ドイル, 2007）といっている。

4 反転授業の方法

● 4-1　授業構成の概要

2014年度における1回分の授業構成の概要を図4-1に示した。予習問題はエクセルファイルにデータと一緒に入っているので，学生はデータを打ち込む必要はない。動画教材を視聴しながら，予習問題を解く。予習に必要な時間は1回の講義あたりおよそ2-3時間を見込んだ。予習教材はMoodle（2014年度だけは大学の都合でsmartFORCE）に載せておいた。2014年度から教材の一部を動画にして，scorm教材にした（動画作成はP4Web Vivid Mini，アーネット社を使用した）。学生は予習の結果をエクセルファイルに入力し，Moodleから提出する。エクセルファイルの所定の欄に答えを入力するようにしてあるので，解答のチェックに要する時間は学生一人あたり5-10分程度で済む。15-20人程度の学生が受講したので，2, 3時間でチェックできる。学生の間違いを授業前に予習を採点することによってチェックできるだけでなく，授業のときには予習段階で理解度の高い学生と低い学生をペアにして座らせることにした。さらにできるだけ毎回，学生のペアは異なるようにした（さらに可能なら男女のペア，あるいは異なる学科の学生がペアになるようにも考えた）。授

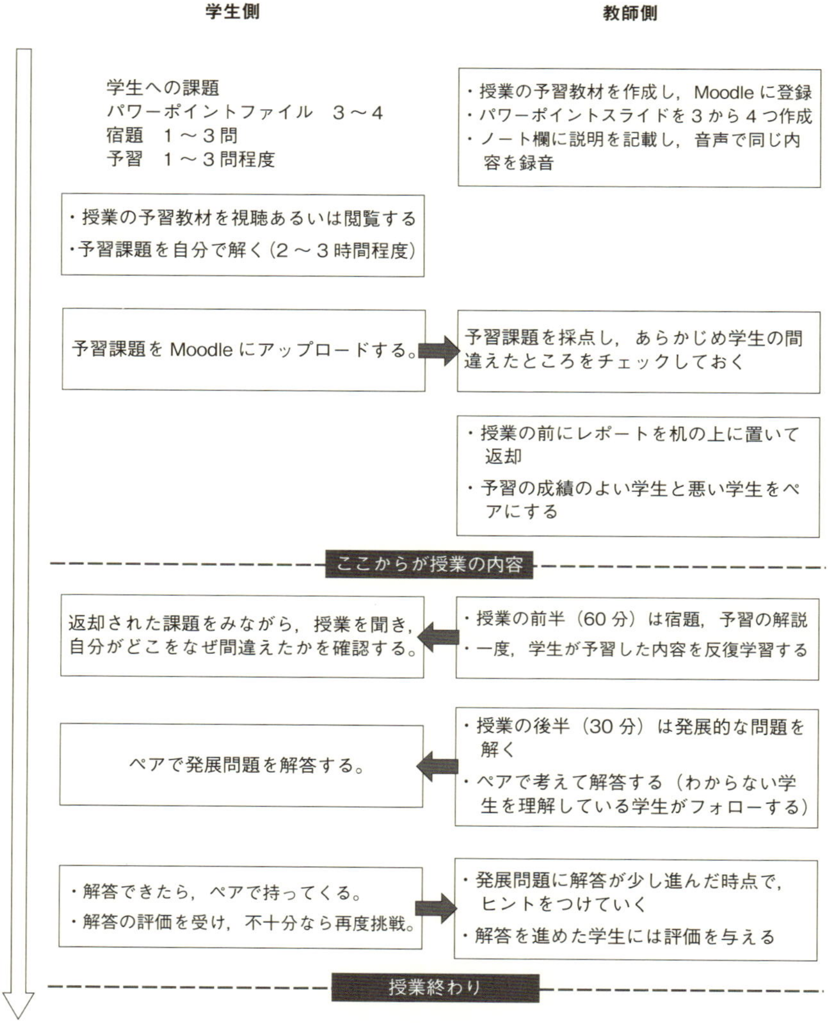

学生側

学生への課題
パワーポイントファイル 3〜4
宿題 1〜3問
予習 1〜3問程度

・授業の予習教材を視聴あるいは閲覧する
・予習課題を自分で解く（2〜3時間程度）

予習課題を Moodle にアップロードする。

教師側

・授業の予習教材を作成し，Moodle に登録
・パワーポイントスライドを 3 から 4 つ作成
・ノート欄に説明を記載し，音声で同じ内容を録音

予習課題を採点し，あらかじめ学生の間違えたところをチェックしておく

・授業の前にレポートを机の上に置いて返却
・予習の成績のよい学生と悪い学生をペアにする

――― ここからが授業の内容 ―――

返却された課題をみながら，授業を聞き，自分がどこをなぜ間違えたかを確認する。

・授業の前半（60分）は宿題，予習の解説
・一度，学生が予習した内容を反復学習する

ペアで発展問題を解答する。

・授業の後半（30分）は発展的な問題を解く
・ペアで考えて解答する（わからない学生を理解している学生がフォローする）

・解答できたら，ペアで持ってくる。
・解答の評価を受け，不十分なら再度挑戦。

・発展問題に解答が少し進んだ時点で，ヒントをつけていく
・解答を進めた学生には評価を与える

――― 授業終わり ―――

図4-1 生物統計学の授業の構成（1週間単位）

業前にレポートを机の上に置いて返却することで，学生の席を指定した。授業の最初の60分は予習問題の解説（予習で学生の間違えたところをできるだけ焦点を当てて）をした。これは90分全部を反転授業の演習を行うだけの演習問題を作る授業準備

を取れなかったことに由来する。60分の説明は長すぎて学生がだれた（予習でしっかりやっている学生にはすでに聞いた内容を再度聞くことになり退屈だ）。反転授業を行う上で，授業後半の発展問題に苦慮した。統計的手法はマニュアル通りにやれば答えは出る。しかし，統計的な考え方を身につけないと間違った手法を適用しかねない。そこで後半の演習では計算する問題だけでなく，統計的な考え方を身につけないと陥りがちな間違いに気づかせるような問題を用意した。

● 4-2　t検定を取り上げた授業

ここからは具体的にt検定を取り上げた授業を実例に挙げて，授業の実際を説明する。図4-2にt検定の回の授業のデザインを示した。

この授業での演習問題は「計算だけの演習問題」と「考える演習問題」の二つの部分から構成される。問題1は予習教材をきちんと視聴して，忠実に統計的手法を実行すればできるはずの問題である。問題2は考えることを要求する。インセンティブがないとなかなか学生は考えようとしないので，正解にたどり着いたら早く帰ってもよいことにした（当時島根大学に在籍された森朋子先生の発案）。

演習問題は以下の二つを提示した。学生は問題1を解答し，正解しないと次の問題へは進めない。どちらの問題も二人一組で問題を解く。二人の答えがばらばらな場合はどちらが正解かも示さないで，どちらが正しい答えかを相談して決めてから持ってくるように促した。

【問題1】
　S君は宍道湖養鶏場と中海養鶏場からそれぞれ無作為に10羽ずつ，ニワトリを抽出して，1年間の産卵数を調査した結果，右のデータ（データ省略）を得た。95%信頼区間をつけて，それぞれの母平均を区間推定せよ。次にこの二つの養鶏場の産卵数に差があるかどうかを1%の有意水準で検定せよ。

【問題2】
　R君はY研究室の学生である。教授がいないときに実験した方が気楽だと考えて，教授が2週間海外出張したすきにさっさと調査してしまった。要領のよいR君は統計解析までして先生のところへデータを持って行き，有意差がありませんでした。先生の仮説は間違っていました。と報告した。先生の予想される返事は何か？

問題2のR君の実験テーマはM市にある二つのソバ屋のうち，どちらが客数が多いかを明らかにするものである。ソバ屋のひとつは石臼で自家製粉して，挽き立て，打ち立て，ゆでたてを出す（A店），もうひとつは自家製粉はしないで，ソバ粉

●事前学習
①一つ当たり10分程度の動画を視聴する。t分布を利用した母平均の区間推定，1標本の平均に関するt検定，対応のない2標本に関するt検定，対応のある2標本に関するt検定の四つの動画を視聴する。
②動画を見ながら，所定のプリントをダウンロードして，印刷してから，空欄を記入して，ノートを作成。
③一つの動画それぞれに一つの統計解析に関する計算問題を予習する．解答をエクセルファイルに入力し，提出する。

●対面授業
①四つの予習問題の解説
予習を採点した結果，発見した学生のミスを中心に問題の解き方を説明する。その点を除くと，事前学習した動画と内容はほぼ同じである。
②演習問題1：計算だけの演習問題
予習を理解していれば，ほぼ同じ方法で解答できる統計解析問題を出題する。四つの予習問題すべてに対して演習問題が出るわけではなく，この授業ではt分布を利用した母平均の区間推定と対応のない2標本に関するt検定に対応する演習問題を出した。2人一組で問題を解く。2人の答えがばらばらな場合はどちらが正解だともいわないで，どちらが正しい答えかを決めてから持ってくるように促す。
③演習問題2：統計的な考え方を身につけるための問題
お客さんが来るそば屋の条件を明らかにする調査を題材に間違いやすいデータ調査について考える。この調査は授業で数回のシリーズとなっている。

●復　習
予習問題と同じような問題を復習問題としても解答する。また，正解できなかった予習問題を再提出させることもある。学生が希望すれば満点が得られるまで再提出できるようにもしている（満点にする義務はない）。

図4-2　t検定を教えた回における授業の構成

を買ってくる（B店）。教授の予想はA店の客の方が多い。R君は自分の都合（夕方のバイト先に近い方の店を調査した）を優先して，調査したので，データは次頁の表4-1のようになった。

【R君の説明】
　等分散を仮定したt検定の結果から，p値は0.065ですので，有意水準5％で有意差が認められませんでした。しかも，両店の客数について95％の信頼率をつけて区間推

定すると

A店 22.0 ± 6.8，B店 48.8 ± 32.6

ですから，平均もB店の方が多いですから，先生の仮説は否定されると思います。

表 4-1 t検定の回の演習問題での資料

調査日	曜日	A店	B店
10月9日	水曜日	21	
10月10日	木曜日	17	
10月11日	金曜日	16	
10月12日	土曜日		69
10月13日	日曜日		75
10月14日	月曜日		11
10月15日	火曜日		
10月16日	水曜日	34	
10月17日	木曜日	23	
10月18日	金曜日	21	
10月19日	土曜日		75
10月20日	日曜日		54
10月21日	月曜日		9
10月22日	火曜日		

t検定：等分散を仮定した2標本による検定		
	A店	B店
平均	22	48.83
分散	41.6	964.17
観測数	6	6
プールされた分散	502.88	
仮説平均との差異	0	
自由度	10	
t	-2.07	
P(T<=t) 片側	0.03	
t境界値 片側	1.81	
P(T<=t) 両側	0.07	
t境界値 両側	2.23	

　演習問題2はシリーズとなっていて，この後の授業でもR君が次々と間違った統計解析を実施する例をもとに，正しい統計解析方法が何かを2人二組で考えさせるようにした。

5　反転授業の効果と課題

● 5-1　受講者の減少と反転授業の効果

　予習を課し，しかもかなりめんどうな予習であるという時点で25-30人程度いた初日の受講者が15-20人程度に減り，そのためにそれなりに学習意欲の高い学生だけが残ったという点を考慮に入れなければならないが，反転授業を導入した結果が学生にどんな影響を及ぼしたかについてわたしがみた感想を最初に述べると，以前

に比べて予習を確実にやる学生が増え，しかもきちんと解答できている学生が多くなったという印象を得た。

● 5-2　予習時間の増加と間違いのチェックと共有

予習時間は表4-2にあるように，課題によって多少の変化はあるものの，平均は1.5–2時間となった。8時間学習した学生もいる一方で，1時間と答える学生もいて幅はかなりあった。ただし，きちんと動画を視聴するだけで1時間近くかかり，2–3時間の予習時間が必要なはずなので，学生の申告した予習時間はかなりおおざっぱだと見受けられる。予習を行う時期は導入前とはあまりかわらず，授業の前々日か前日と直前に行う学生が多く，2, 3人の学生は当日の午前中に予習を提出してきた。なお予習の締め切りは採点して返却する必要から授業前日の午後5時としているが，実際には昼食後の授業であるので，遅れて提出したレポートも昼食を食べながらでもなんとか採点して，なるべく授業時には返すようにしている。学生は返却されたレポートをざっとみるので，授業前には自分がどこが間違えたかは認識できているようだった。授業において間違いの多いところを指摘しながら予習を解説するところでは，しかし残念ながら，あまり注意してレポートをみながら振り返っているようではない印象を受けた。

反転授業の効果の一つは事前に予習をやっているので，やりそうな間違いを共有できるし，授業でペアに組むことで学生相互に間違いをチェックできるということがある。学生は帰無仮説が棄却できないときの結論を「差があるとはいえない」とはしないで，「差がない」とするだけでなく，「有意差がある」ときでも「差がないとはいえない」という結論を出すような混乱した判断基準を覚え込んでしまうことがときどきある。しかし，二人で演習課題をさせて，「二人いっしょに考えて答えを持ってきなさい」といっても，別々に答えを書いて持ってくるときだけ一緒に来ても，二人が食い違う答えを出したなら，こちらがそれを指摘して，どっちが正しいかを決めたから持ってこいということで，検定の間違いを学生自身でチェックできる。こういう間違いの訂正は教師の指摘より，学生どうしのチェックの方が効果があるだろう。

表4-2　学生の平均予習時間の推移

授業回	3	4	5	6	7	8	9	10	11	12	13	14	15
平均予習時間	1.57	1.82	2.00	2.03	1.71	2.08	1.50	1.57	1.56	1.69	1.43	1.50	1.20

● 5-3　多様な学生への対応

　授業後半の反転授業と協調学習を合体させた部分については，学生によって課題への対応がばらばらであり，このような授業の難しさを実感した。議論を積極的に進めるペアもいる一方，お互い別々に課題を進めるだけで何の相談もしないでわたしのところに持ってきて，2人の答えが食い違っていることを指摘して，すごすご引き返すペアもいた。しかし，授業を重ねるにつれて，ある程度までは学生も慣れた（あるいは覚悟ができた？）のか，そこそこまで話し合えるようにはなってきたようにも感じられた。このようなグループで課題を考える授業が学生には効果があるように感じる一方で，対人関係がうまく築けないなどいろいろな配慮の必要な学生も増えているのでなかなかむずかしい。ただ学習上の配慮があらかじめ必要であると大学側から報告を受けた学生も授業に適応できたので，予習段階での学生の理解の程度についてアンケート結果から，ほとんどの学生が予習教材を理解できたと判断する場合とあまり理解できなかったと判断する場合があり，教師の側からもこの教材は難しいだろうと予想した場合（「多重比較（第11回）」「回帰分析（第13・14回）」の2回めなど）は学生の理解度も低いという結果が得られた（表4-3）。授業前に学生の理解度がかなりわかるところは反転授業のメリットだと考える。TAを活用できれば理解の劣る学生を個別に授業中にサポートできるかもしれない。そのためのTAの養成は今後の課題といえるかもしれない。反転授業を受けた学生の中からTAになる学生が出てくれば一連の試みがつながってくるように思う。

　実例としてあげた演習問題2はR君がどんな間違いを犯したかについては簡単な問題ではある一方，現実には似たような間違いは多いので，理解できた学生には大きな意味がある。とはいえある学生には簡単な問題でも，そもそもの問題点が何かということがなかなか飲み込めない学生も多い。実際こちらから与えた統計の計算はできるけれど，なぜか統計的な考え方が飲み込めない学生にどう対処するかは次節の今後の課題にも述べる。

表4-3　授業の理解程度の推移

授業回	3	4	5	6	7	8	9	10	11	12	13	14	15
1 理解できなかった	1	0	1	0	2	3	0	1	0	0	1	1	2
2 あまり理解できなかった	1	3	6	4	3	6	2	3	6	3	1	5	0
3 どちらとも言えない	6	6	6	7	3	4	4	3	2	5	2	4	2
4 まあまあ理解できた	15	10	6	8	13	6	10	12	8	8	10	7	15
5 理解できた	0	0	0	1	0	0	3	2	0	0	1	0	0

● 5-4　授業が楽になる

　反転授業という授業スタイルに対する学生の反応はよかったように思った。データによる分析は今後の課題でもあるが，授業アンケートの自由記述には好意的な評価を書いてくれた学生がいたし，少なくとも従来型の授業に戻してほしいという記述をする学生はいなかった。

　わたしは反転授業を 2 年ばかりやってみた結果，「授業が楽になる」「授業が楽しい」という二つの「楽」が専門課程の教員にとっての反転授業のよいところであると感じている。学生にとっての反転授業の意義はすでに述べた。それでは教員にとって何かいいことはあるのか？　ときどき，優れた教育をするには毎回，十分に時間をかけた準備をして学生に対するべきであるという「ありがたい」精神論を述べる人がいる。しかし，ほとんどの教員は実際のところ研究に時間を使いたいから，授業の準備時間はできれば少なくしたいはずである。時間をかけないでも授業を改善できないか？　反転授業は予習教材を作るとか，授業でどのような活動を行うかを計画するなどの点で多少のコツは必要ではあるけれども，個人的には授業は楽になると思う（世の中には「授業を楽にする」ことそのものがけしからんという人もいるだろうが……）。反転授業導入で授業が楽になるとは，物理的に時間にゆとりができるということでもあるし，体力的にも 90 分の授業が楽になるということでもある。予習教材を作ってしまうと，毎年大きな改定は必要ないから授業の準備は翌年以降，大きく軽減される。演習主体の授業なので，90 分しゃべり続ける必要はなく，演習中は座っていてもよいから，体力的にも楽になる（授業後，すぐに研究する余力もできる）。さらに授業も楽しくなる。受け身どころか無反応なので聞いているのか存在するのかすら怪しい空気みたいな学生相手にひたすら 90 分間しゃべり続ける講義はやっている方も学生もつまらない。反転授業は学生に楽しいのかまではわからないが，少なくともやっている側からすると授業が楽しくなる。「学生の質問が新しい研究のきっかけになるというのはよくあることだ」（ファインマン, 2014）というぐらいの刺激を学生から受けることはめったにないにしても学生の突拍子もない，どのような思考過程かすら想像のつかない答えを目の当たりにするのも楽しいことだ。

6　今後の課題

　今後の課題として，最初に挙げるのは予習の動画教材では理解できない学生をどうするかである。「生物統計学」は選択科目だったので，予習の動画教材では理解で

きない学生は受講を継続しなかった。その点ではこの問題は顕在化していない。しかし，世の中，塾は「個別指導」全盛期である。個人的には集団で学ぶ意味は大いにあるとは思ってはいても，受験対策として「個別指導」がこれからますます一般的になるのかもしれない。中学校，高校の授業ではついていけず，「個別指導」学習塾で救われて，入学する学生が今後増加したら，たぶん予習を動画で見ても理解できないだろう。そのような能力が備わっていない，個別指導しか受け付けない学生が今後増えたら，反転授業で対応できるのかどうかはわたしにはわからない。個別指導の学習塾も労力削減で反転授業を取り入れながら，わからないところは個別指導するようになるというなら話は別ではある。さらに今後，必修の授業で反転授業を取り入れる場合にももちろん動画の予習では理解できない学生対策は必要となろう。

　もう一つの課題は授業後半で行う演習問題，特に統計的な考え方を議論しながら身につけようとする部分をどのように進めるかである。演習問題によってはヒントがないと学生はまったくわからない状態に陥る。しかし，ヒントによっては単に誘導尋問になってしまい，じっくり考えることはしない。できれば学生には時間がかかってもじっくり考えてほしいものである。予習の動画である程度，考える準備をさせて，授業で学生間で対話的にディスカッションできるような授業を構成できればよいと思う一方で，そのような授業がどんなものかはわたしにはまだ暗中模索というところである。今のところ，後半30分だけが演習の時間になっているけれども，本当は授業を45分ずつに分けて，前後半のそれぞれに演習をやりたい。そこで2015年度は改善して前半と後半に1回ずつ演習を入れるようにした。TAもいるのであれば，より多くの時間を演習に当てると同時に，進みの早い学生は次の演習に進みながら，歩みの遅い学生への支援もできそうである。

【付　記】

実際の授業を見学していだき，反転授業についての情報などを提供していただき，さらに本章をお読みいただいた関西大学・森朋子先生，授業アンケートの解析をしていただいた大妻女子大学・本田周二先生に謝意を表します。

【引用・参考文献】

ドイル，A. C.／日暮雅通［訳］（2007）.『ブルース・パーティントン型設計書　シャーロック・ホームズ最後の挨拶』（光文社電子書籍版）光文社

ファインマン，R.／大貫昌子［訳］（2014）.『ご冗談でしょう，ファインマンさん（上）』（岩波書店電子書籍版）岩波書店

05 「統計学」における反転授業

数学のレベル差が著しい文系学部での実践例

望月雅光

1 はじめに

　本学では，2008年から学生参画型授業の導入を行っている。協同学習の手法がその中心であるが，LTDなど，様々な手法を導入している。このため本学では，授業全体の約8割が何らかの能動的な学修の機会を提供できている。このためアクティブラーニングの導入を促進するというより，その質的改善が本学の課題となっている。

　その一方で，アクティブラーニングの導入を学内で推進する過程で，よく聴く言葉がある。「グループでの活動を増やすと学生が本当に理解できているかわからない」「フリーライダーが出る恐れがあるので，導入に躊躇する。特定の人だけ学習するだけだ」などである。このように学生の状況を把握しないと不安を感じる教員が少なからずいらっしゃる。通常の講義でも，学生が理解しているかどうかを把握することは困難であるにも関わらず，聴いているふりをしている学生が目の前にいるほうが安心できるのであろう。教えることよりも学ばせることを重視するならば，学生をどこまでも信頼しなければならないと考えている。

　現在，本学の取り組みがAP事業に採択されており，アクティブラーニングの質向上について取り組みつつ，その成果を可視化し，アセスメントを行う仕組み作りをすすめている。図5-1にその概要を示す。アクティブラーニングの導入や質向上の結果について，成果の可視化を求められるため，緊張感が伴う。

　この取り組みの一環として新設科目に深い学びに結びつく質の高いアクティブラーニングの導入を試みており，その過程で反転授業を導入した。具体的な目標値は，授業外学修時間を2時間／週以上，授業の理解度を5段階評価で4以上，能動

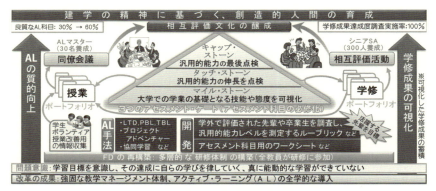

図 5-1　AP 事業での取り組み概要

的な学びがあったと感じた程度が，5 段階評価で 4 以上を目指している。なお，本学では，各授業の前に，最低でも 1 時間以上の授業外学修を求めており，授業アンケートを分析すると，1 科目あたり約 1 時間弱の授業外学修をほとんどの授業で確保できている。また，学生が 1 週間に授業外に学修する時間は，合計で 8 時間程度を確保できている。なお，授業外学修時間については，2008 年度からの取り組みの結果である。このような状況にあるので，恵まれた環境での反転授業の展開になると考えて，取り組みをはじめた。しかしながら，初めての試みは，試行錯誤の連続であった。

2 授業の概要

経営学部 1 年生を対象にした 2014 年度新設の必修科目である統計学で行った取り組みを紹介する。同科目の単位数は 4 単位で，週 2 回の授業を行う。履修者は 90 名である。授業開始時の履修登録数は 110 名であったが，途中で履修を取り消した学生がいたため，この人数に落ち着いた。到達目標は，「母集団からの標本のとり方，母集団，標本の違いが理解でき，多数のデータが標本として与えられたときに，平均，分散，標準偏差が求められるようになる。さらに，これらのデータから母集団のパラメータの推測ができ，仮説の検定ができるなど，基本的な統計テクニックが駆使できるようになる」である。履修人数の関係で，通常の PC 教室を使って授業を実施することになった。

この授業は，数学を苦手と思い込んでいる典型的な文系学生を対象としており，

統計学を教えるのは，かなりの困難が伴う。そこで理数系科目を担当した経験から想定して，次の四つのパターン，①予習復習をしっかり行った上で内容を完全理解した上で，課題を提出する学生（全体の5%弱），②予習復習は行うが，理解が不十分なまま予習課題を提出する学生（全体の15%弱），③課題だけをなんとかやってくる学生（全体の60%弱），④形式的には，学んでくるが，単位だけ確保したい学生（20%強），を想定した。このような状況において，単純に反転授業を取り入れると，①②の学生だけがついてこれらると思われる。悪い状況になれば，必修科目に大量の不合格者を生むことになる。理想的には，優秀でかつまじめに取り組む学生である①②の学生が退屈しないようにレベルを下げず，③の学生にしっかり理解させたうえで，④の学生が何とか単位が取れるようにすることが求められる。

そこで，大きく三つの対策を考えた。一つは授業外にグループで学習させる仕組みを用意すること，一つは予習しなかった学生が授業中に困る状況をつくりつつ，最低限のことを理解する時間を設けること，一つは①の学生がわからない学生に教えることで学ぶ状況をつくることである。これ以外にも主体的に学ばせるためにも，安易に学生の質問に答えない，練習問題の答えを教えない，を徹底する必要性に授業の過程で気がついた。

3 反転授業の導入のきっかけ

反転授業を導入しようと考えた最大のきっかけは，数学のレベル差が著しい学生がいる中で，これまでどおりのやり方では，授業ができないと考えたからである。しかも100名近い学生を相手にする必要がある。また，経験上，ボリュームゾーンにあわせて授業をすることになるが，そうすると優秀な学生が退屈してしまい，できない学生が逃げ出してしまうことになる。そもそも，どのレベルに合わせても不平不満がでる。文系学部において，数学を使う科目を担当する教員の共通の悩みだと思われる。たとえば，一人の学生が，Σ（シグマ）や∫（インテグラル）を指差してこの記号は何ですかと聞かれたからといって，その質問に答えると，授業時間の大半が失われる。何度もその罠にはまってしまった。経験から学び，そんな質問からは逃げるようになってしまった。リメディアル教育用のeラーニング教材を学生に提供しても，苦手意識が高い学生が自立して学ぶことはしない。特に，上述の④に相当する学生にこのような傾向が強い。恐らく予習しようとしても何がわからないのかさえわからず，理解が進まないのだと思われる。

● 事前学習
授業外で指定された範囲の教科書を学習しつつ，科学の道具箱の該当する教材を選択して学習する。このとき，予習ノート（対話ジャーナル）を必ず作成する。これらの学習は個人で行ってもよいが，グループで開催する学習会で学んでもよい。

↓

● 対面授業
授業中の流れは，①〜⑥の6段階で進む。ここでは，1回分の90分を想定している。授業がはじまってからの数回は反転授業に慣れされるために，1-3までと4-6までの2回に分けて授業を進めている。

①予習ノート（対話ジャーナル）の相互点検（5分間）　　学生は，3名のコメントをもらうことが必要なため，15分の休み時間を活用して，コメントをもらう学生が多い。コメントはできるだけ，日頃，話をしない人からもらうようにお願いしている。授業開始のチャイムが鳴るとその雰囲気のまま，グループに分かれて，相互に点検しつつ内容を確認する。

②ジグソー法の実施（30分間）ジグソー法については，4節に詳述する。　　グループで集まり，教室のレイアウトの制限を考え，立ったまま内容を確認したり，椅子を移動させて内容を確認したりする。このとき，教える人が固定する傾向にあるが，回数が進むにつれて優秀な学生ほど，どのように友人に伝えたら理解できるか考えてくるようになる。

③学生による今日のポイントの発表（10分間）　　フリーライダーを防止するために，また，緊張感をもって，ジグソー法に取り組むため，ランダムに発表者を決める。何も答えられない場合もあるが，その場合には，周りに助けてもらいながらでも発表を続けさせ，できないからといって，逃げられないことを理解させる。

④演習課題の実施（30分）　　教科書の練習課題をグループで協力しあって，取り組む。このとき，Excelを使う。手計算で統計処理を行うことは，現実的ではないため，式の細かな部分を理解していなくても，統計処理だけを行えるようにするためである。

⑤学生による演習課題の説明（10分）　　ランダムに発表者を決めて，演習課題を解説してもらう。説明が不十分な場合には，教員が別の学生に問いかけて，解決するようにしている。教員が教えることをできるだけしないように心がけている。

⑥次回の範囲と課題に確認（5分）　　次回の範囲を確認し，演習課題が時間内できていない学生については，宿題にしている。授業中に課題を提出した学生とそうでない学生とで点数に差をつけている。

↓

● 事後学習
授業中に行った，演習課題をまとめ，レポートとして提出する。

図 5-2　反転授業の流れ

そこで，まず，協同学習の手法を導入することを考えた。グループを編成し，相互互恵関係を築けるように，できない学生に教えることで学べることを理解させ，チームで頑張れば何らかのインセンティブがあるように評価基準を設計した。授業開始後，数回は，単に映像教材を事前学習させ，その内容を小テストする，そのあと不足する知識を補い，演習問題を実施する流れにしていたが，予習内容が中途半端で，授業が進められないことがわかった。そこで，より予習をしっかりやらせる仕組みを考え，不足する高校レベルの数学の知識をどこかで自分自身で補わせなければ，意味がないと考えた。そこで，ジグソー法を活用した反転授業に変えることにした。ジグソー法を導入してからは，学生の取り組み方が大きく変化し，予習してくる内容の質も向上した。

4 反転授業のすすめかた

授業の進め方を説明し，その中で取り入れたジグソー法の概要を示す。また，知識の定着状況について議論する。図5-2に反転授業の流れを示す。

● 4-1 反転授業の流れ

当初は，事前学習において活用する教材を自前で作る方法を検討したが，著作権処理の手間を考えると，その選択肢を捨てざるを得なかった。通常の対面授業では，著作権が制限され，著作物の配布や提示がある程度自由にできるが，単純に通常の授業を収録したものであったとしても，インターネット上で学生に配信すると，著作権が制限されなくなり，著作権処理が必要になるからである。これは，受講者に限定して公開しても同様の問題が発生する。そこで，インターネット上に広く公開されている教材を活用することにした。利用した教材は，科学の道具箱である（図5-3左側）。この教材は，主な利用者として高校生を想定しているが，多くの内容が文系の学生にとっては，初めて学習する内容である。また，大学eラーニング協議会に加盟することで利用できる「統計的データ解析」（山梨大学作成）も活用している（図5-3右側）。それ以外の部分については，グループでの学修を基本に考え，ジグソー法を導入して学生に学習させた。ジグソー法は，互いに教えあう機会がうまく機能するため，この授業の方針にうまく合致する。

科学の道具箱（独立行政法人科学技術振興機構）
http://rikanet2.jst.go.jp/contents/cp0530/start.html
（2016年6月20日現在リンク切れ）

大学 e ラーニング協議会提供の教材

図 5-3　教材の例

● 4-2　ジグソー法の導入

　ジグソー法を実際の授業風景を示しながら簡単に説明すると，次のような流れになる。なお，本来なら，ジグソー法は分割した教材の内容をお互い知らないが，教科書を教材に使っているため，全員がその内容を知っていることになる。

①事前に決められた学習範囲を予習してくる。たとえば，1章を勉強してくることなどを指示する。
②授業中に3人のグループを作り，予習範囲を三つに分割して，ランダムに担当を割り当てる。たとえば，1-1節を学生C，1-2節を学生A，1-3節を学生Bに割りあてる。
③割り当てられた担当ごとに6名くらいのグループを作る。このグループを専門家グループと呼ぶ。たとえば，各節を担当する学生だけのグループを作る。
④15分程度，専門家グループでは，予習してきた内容を確認しつつ，わからなかった部分をお互いに教えあう（図5-4参照）。グループ内で結論がでないなら，同じ節を担当する別のグループに聞きに行ってもよい形をとっている。わからないことはどこまでも自分たちで何とかするように心がけさせるためである。
⑤②で作った3人のグループに戻り，15分間で，自分が担当する節について，説明していく。これで決められた学習範囲について，疑問点がないようにお互いに教えあい理解を進める。

図 5-4 専門家グループでの学習

図 5-5 3人のグループでの学習

　このときの様子を観察していると，優秀な学生が教えることの難しさを知り，本当は理解できていないのではないかと葛藤する様子，友達に教えてもらうほうが教員より聞きやすいそうで，わからないことを放置せずに，しっかり友達に教えてもらっている様子が見受けられた。また，安直に答えや結果を質問するのではなく，理解しようとする姿勢も徐々にふえてきて，答えあわせをして終わりにする学生がほとんどいなくなった。当初は予習をしてこない学生でも，何度かこのジグソー法を繰り返すと，わからなくても教科書に目をとおしてくるようになる様子も覗えた。

　数学にジグソー法を導入する際に気になるのが，数学は連続性があるので，後ろの節を担当する学生は，1章分全部を理解していないと説明できないことである。事前に予習をしてくることを前提にしているので，学生には言い訳をさせないようにしている。

　学生に負担のかかる方法であるため，学生が嫌がるのではないかと当初は考えたが，授業中に手を挙げてもらう形で学生に確認すると，単純な反転授業よりもジグソー法を組み合わせる方法を全員が選んだ。ただし，途中で，20名くらい履修を取りやめているので，その学生は，この授業の方法を嫌がった可能性は残る。グループでの活動を避ける学生は少なからず存在することが経験上わかっているので，20名は許容範囲だと考えている。

　ジグソー法を使うことで，予習をしてこなかった学生に対して，フォローアップをするための時間として機能させる狙いもある。ジグソー法を活用する時間内にきちんと理解すれば，最低限授業についてこられるようになる。ただし，これで予習をしなくてもよいと思われてしまうと授業外学修をしてこなくなるため，ランダムに授業中に発表や発言を求めている。

● 4-3　知識の定着の確認について

　テストをしても正確な状況を知ることは難しいことが多い。小テストをしても，最大瞬間風速としての知識獲得状況であり，それが定着しているかどうかはわからない。練習問題が解けたとしても，理解せずに，解き方だけ覚えている可能性もある。教室を巡回すると，問題を解けても本当に理解しているかわからないという声が聞こえてくる。基本的な練習問題を解くには，公式を覚え，それに問題文から数値を当てはめることで解答できる。その答えがあっているからといってもわかった気がしないというのである。

　本授業においても，予習してきたことを確認するために，小テストを授業の開始時に行ったが，学生が練習問題を解けることを目的にした学習をしてくる状況をみて，数回で実施をやめた。学生の様子をみていると，学生の学習方法が，受験勉強で染み付いた暗記型の学習法そのものに感じられたからである。それよりも，予習ノートを学生どうしで確認しあう方が，効果的であると考えている。教員が知識獲得状況を確認する手段を失うことになるが，学生の学びや気づきを優先することにした。教員が授業中に教えることをやめ，学生の気づきのみを大切にすることに対する葛藤はかなり大きく，大きな変革を求められているように感じた。教員が教えることをやめ，学生は，教えてもらって，理解したつもりから脱却できることが大切だと考える。

　予習ノートには，図5-6に示すような対話ジャーナル（松下，2015：195）を活用した。右側に友人が内容についてコメントできるようなっており，友人の疑問に答えてあげられるようになっている。学生には，3名以上の学生からコメントをもらうように義務づけている。

　練習問題の答えも教えないようにしている。学生には，次のように言っている。

　　　「公式を覚えて練習問題が解けても，実際に統計学を使いこなせるようにならないと意味がない。社会にでてからは，だれも正解を教えてくれない。そのような状況で，自分の統計処理の結果が正しいか，間違っているかどうやって判断するのか。自分で最良の方法を考えてください」。

　正しいかどうか，友人と解き方を確認させたり，Excelを使って答えを確認したりして，単に答えあわせをして終わりとなる学習から脱却させ，学修へと導くように工夫した。学生からクレームもあったが，慣れてくると学生自身が理解できたと確信を

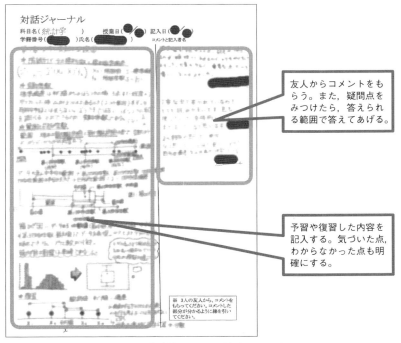

図 5-6　対話ジャーナルの例 (松下, 2015)

もてるほうが大切であることがわかったようだ。教室をまわっていると「悩んでやっと気がつくと理解が深まることがわかった」という声が授業終盤に聞くことができた。

● 4-4　授業外学習時間を確保するための工夫

　反転授業を導入する上での一番の懸念は、実際に授業外で学生が学習してくれるかどうかであった。そこで、学生が授業外での学習を行うように誘導するために、グループでの勉強会を実施した場合、その報告書の提出によって、定期試験の素点に2点加点することにした（本授業の場合、定期試験の点数は、成績全体の25％）。その上で、ラーニングコモンズを活用して、SAが主催する勉強会も併せて開催し、勉強の仕方がわからない学生への対応やグループで活動できない学生への対応を行った。図5-7に学生が提出した報告書のサンプルを提示する。図に示すように、学習風景の写真の添付と学習状況の内容などの記入を求めた。学習記録の提出は、総計1113枚であった。15回以上、勉強会を実施した学生は、履修者90名のうち、39名であ

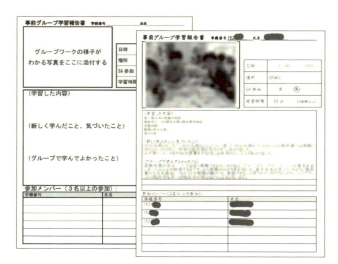

図5-7 報告書のサンプル

った。そのうち22名が25回であった。勉強会に参加しなかった学生は11名であった。単純に考えると週1回のペースで履修者の半分程度の学生が，勉強会を実施していることになる。授業アンケートの授業外学習時間の項目をみると，1時間以上の学修時間が確保できていたが，目標の2時間には達しなかった。ジグソー法がマイナスに作用した可能性が懸念される。

報告書をみると，SA主催の勉強会の他に，学生寮での勉強会，PC教室にグループで集まっての勉強会など，それぞれが工夫して勉強している状況がわかった。集まって勉強すると，教えあうことになり，学びが深まったと記述している例が多かった。

5 反転の効果と課題

授業アンケートの自由コメントを見てみると，大きく二つの意見に分かれる。授業の良い点については，29名が記入してくれており，そのうち，ジグソー法やグループで学習することに関しての評価してくれた学生は18名であった。たとえば，「一人だったら心が折れそうな勉強を，グループで協力してすることができた」「能動的に学ぶ機会が多く，学習意欲が増した」「グループで教え合いができて分からない所もできるようになった」などである。そのほか，予習などが自主的にできたな

どの意見を6名が記入している。その一方で，通常の講義形式の授業がよいという意見を5名がその他の欄に記入してあった。

　授業の最後に記入してもらった振り返りシートを読んでいくと，受け身のままがよい学生が通常の講義形式がよいのだといっているようだ。「教員が教えない」というキーワードとともに，記入されている。また，そのような学生は，自分のことを生徒と表現している。少なくとも，科学の道具箱の内容を見てくるだけで，内容を充分に理解できる。恐らく，予習をそれほどしないまま，授業中に講義を聴いて，ノートをとる作業者になり，学んだつもりになりたいのだと感じている。学生ではなく，いつまでの生徒として扱ってほしいのであろう。

　コメントを読んでいくと，コミュニケーションが苦手な学生がそれなりにいることがわかった。そのような学生にとっては，この授業は慣れるまで大変だったようだ。「最初は嫌だった」「慣れない人もいた」などの記述があった。実際に教室の様子をみていても，最後まで慣れなかった学生も散見された。新しい友だちをみつけることができ，助け合う雰囲気ができたグループは，楽しい授業になるが，そうでない数名の学生は，かなりの苦痛だったと思われる。

6 おわりに

　授業外学修をいかに担保するかによって，反転授業のような予習を前提とする教育方法の導入の成否は決まる。また，ジグソー法を組み合わせることで，学生同士が教え合い，予習が不十分でない学生の理解度も担保できたと考えている。その結果，授業中のExcelを使った問題を解く，演習課題の実施は，最終的には順調に実施することができた。しかしながら，定期試験は，暗記力と応用力が問われるためか，できる学生とできない学生の差が明確であったことが残念であった。また，一部の学生が履修を取り消したが，その原因を追跡調査することができていない。

　今後の課題は，学修観などの調査を事前に行い，アクティブラーニングが苦手そうな学生を事前に見つけ出し，対応する方法を検討したい。

【引用・参考文献】
松下佳代［編著］（2015）．『ディープ・アクティブラーニング』勁草書房

06 数学における反転授業

「ダブルティーチング」における
教授・学習に着目して

山田嘉徳・濱本久二雄

1 はじめに

　21世紀以降に顕著な「学士力」「社会人基礎力」などの〈新しい能力〉への社会的養成を背景として、学生の能動的な学びをいかに促すのかという議論に注目が集まっている（松下, 2010）。こうした背景の下で、知識伝達型の講義を教室の外に置き、演習による対面授業を能動的な学びの場とする反転授業は、一見、有効な教育の方法として映る。一方、反転授業では教室で学生に何をどう学ばせるのかについての対面での教授学習デザインの工夫がより必要になるという指摘がある（船森, 2014）。また反転授業では対面授業のマネジメントのあり方を含む担当教員の教授力量が大きく関係するとの指摘もある（森, 2015）。これらの指摘を踏まえると、反転授業における対面場面をどのように構成し、展開するのかという、教授学的な見立てや教員の教授のあり方とそこから生じる学びについて検討することが重要と考えられる。

　そこで本章では、上述の問題意識を念頭に据えながら、数学における反転授業の実際について対面場面の教授とそこで生じる学びに焦点をあてながら紹介するとともに、そこでの教授・学習のあり方について考察する。また反転授業に取り組む学生の学びの様子や教員の教授方略を分析的に提示することを通して、そこからみえてくる反転授業の効果や課題についても論じる。なお本節の内容は、第1著者が第2著者の担当する授業に複数回にわたり参与観察しており、そこで得られた観察データと、授業担当者である第2著者への授業後のインタビューデータ、さらに授業記録及び授業実践報告資料に基づき報告するものである。

2 授業の概要

授業概要は，以下の通りである。

- 授業名：基礎からの数学2
- 区分：専門
- 対象者：入学直後の「基礎学力に関する学力調査」の結果から，基礎学力の補充が必要と考えられ，「基礎からの数学1，2」の受講を指示された学生
- 学年：対象年次は1年生。
- 受講生の人数：延べ99名。内訳はk1クラス26名，k2クラス42名，kクラス31名（k1はシステム理工学部の物理・応用物理学科，電気電子情報学科，k2は環境都市工学部の建築学科，都市システム工学科，エネルギー・環境工学科，kは化学生命工学部の化学・物質工学科をそれぞれ指す）。
- 授業の到達目標：多変数関数の微分法および積分法の基本事項の理解（数学的な概念や定理の意味の理解に基づいて，多変数関数の微分積分の基本的な計算技法を習得すること）を目標とした。

3 反転授業の導入の動機

　反転授業の導入の動機は，微積分基礎クラスを受け持つ担当者が，例年に比べ，基礎学力の不足を実感したことが導入のきっかけであった。1回20分程度の予習用動画を作成し，週2回の授業のうち1回を演習中心の反転授業とした。動画作成と授業進行は，特に以下の事項に留意して進められた。第一に，動画や授業での演習課題には，できる限り高校の復習を最初に取り入れ，高校での学習内容とのつながりを意識した。第二に，定理の証明は原則として動画では行わず（週1回の通常の授業の中で取り扱った），例題の解法を通して，定理の意味と使い方および計算技術が理解できるようにした。第三に，反転授業においては，授業は演習中心とし，わからない点は学生同士の質問や教え合いを奨励し，解決できない場合には担当者に質問するようにさせ，出された質問のなかで全体に還元したほうがよいと思われるものは，その場で質問内容と回答を再度説明するようにして，課題に取り組みやすくした。

4 反転授業の方法

反転授業の方法と内容について，ここでは第5回目の授業「極値問題」を例に取り上げて紹介する。

授業準備として，予習用の教材として約16分の動画を用意した。その内容は，以下の通りである。

> ① $y = f(x)$ の二階導関数と極大値・極小値（高校の「数学III」の復習）
>   増減表を用いないで極値を判定する簡単な例を二つ説明（例1，例2）
> ② 極値問題（判定法とその応用）
> (1) 極値をとるための必要条件の説明
> (2) 極値をとるかどうかの一つの判定法を与える定理の説明
> (3) (2) で述べた判定法を用いて極値を求める計算例の説明（例3）
> (4) 定理と例3の計算にならって極値を求める問1の提示（小問3題）

図6-1 は，極値問題の一つの判定法について，その具体例の計算について講義している動画の1シーンである。動画では，予習用シートの右にスペースの関係で書くことができなかった連立方程式の解法やヘッセ行列を記入して，学生の計算の助けになるように留意し，解法のポイントを中心に動画を見ながら理解を深められるように工夫している。

授業デザインとしては，1回の授業展開は動画の視聴と演習課題への取り組みから成る「事前学習」，基礎から標準的な演習への取り組みから成る「対面授業」，基

図6-1 事前学習で用いた動画の一場面

礎・標準問題の復習とさらなる発展を意図した取り組みから成る「事後学習」の3段階で構成した。以下図6-2にその概要を示す。

●事前学習
①動画の視聴（16分）
・高校数学とのつながりを意識した復習（上記①）をした上で「2変数関数の極値問題の判定法とその計算例」の講義を視聴する。
②演習課題への取り組み
・予習用シート：動画視聴をもとに定理1, 2および例3を理解する。
・事前演習：問1（小問3つ）の演習課題に取り組む（ただし，完成しなくても可）。

↓

●対面授業
①導入：高校「数学Ⅲ」の復習と予習課題の確認（15分）
・復習：理解度と到達度の確認：増減表を用いない極値の判定法（「数学Ⅲ」）
　（例1）$f(x) = x^3 - 6x^2 + 9x - 4$ の極値を求めよ。
　（例2）$f(x) = exp(-2x^2)$ の極値を求めよ。
＊補足：（例1），（例2）のそれぞれについて増減表を書かせ，得られた答が正しいことを確認させる。
・予習課題：判定条件を利用した2変数関数の極値の計算
　（例3）関数 $f(x, y) = x^4 + y^2 - 2xy$ の極値を調べよ。
・問1　（例3の計算と同様にして）次の関数の極値を求めよ。
　(1) $z = x^2 + xy + y^2$　(2) $z = exp(-x^2 - y^2)$　(3) $z = x^4 + y^4 - 4xy$
②グループ演習1：予習課題への取り組み（35分）
・基礎的内容の課題演習と解説：「2変数関数の極値問題の判定法」を用いる例124を解説の後，再度予習課題または追加の問題に取り組む。
③グループ演習2：学生同士による教え合いと課題の解説（35分）
・標準的内容の課題演習と解説および解答の確認：
・問2　関数 $z = f(x, y) = x^3 - 2xy - y^2 - x$ の極値を求めよ。
・問3　関数 $z = f(x, y) = x\,exp(-x^2 - y^2)$ の極値を求めよ。
④まとめ：（5分）
・授業のまとめと補足：「極値問題の一つの判定法」について，その適用例を紹介した。極値問題について，この一つの判定法が適用できない例があることも補足し注意を促す。

↓

●事後学習
・学習課題の提示：定理2の証明を踏まえ，講義プリントの次の問題に取り組む。
・問125　次の関数の極値を調べよ。
(1) $f(x, y) = x^3 - 3xy + y^3$　(2) $g(x, y) = 2xy - x^4 - y^4$
・問126　次の関数の極値を調べよ。
(1) $f(x, y) = (x^2 + y^2) exp(x)$　(2) $g(x, y) = xy(4 - x - y)$

図6-2　反転授業デザイン図

5 反転授業における教授・学習の内容

上記の授業構成に沿いながら、反転授業における教員の教授方略と対面授業でのグループ演習における学び（反転授業）の内容について解説する。

まず演習での学びを解説する前段階として対面授業の導入時の教員による教授について確認する。担当教員（T）は授業が始まると、学生に対して次のように教示する。

> T：動画では，ヘッシアンを用いて二変数関数の極値を判定する一つの方法である定理2（講義プリントの定理4.9）の意味とその具体的な適用例として例3を取り上げました。ここで，類題として講義プリントにある例124を説明しますので，その説明を聴いた後に，予習課題の問の(1)，(2)，(3)のそれぞれについて，どこまでできたか，どこで間違えたか，どこでわからなくなったかということを，質問や疑問点とともに記入してください。

また以下は，上記の発言時の板書内容の抜粋である。

> 用紙に問1 (1)，(2)，(3)のそれぞれについて，どこまでできたか？（どこで間違ったか，わからなくなったか）質問，疑問点を記入する。

これらの教示を通して、動画内容の理解度の確認を学生に促している。教室内の学生の様子を見て回り、学生の予習状況について、机間巡視により一人一人の学生のノートを見ながら、演習課題がどの程度できているかを確認し、課題が達成されている場合には確認済の印として学生のノートにハンコを押していく。

次いで、予習課題の解説に入る。学生には次のように語りかける。

> T：全員，問2まではやってほしい……問3は難しいけれど……例によってグループで相談してください。

教員は学生の様子を見ながら、「できた人も教えながら、やってください」「相談していいんですよ。できそうな人に相談して、できそうな人が誰かわからなかったら教えてあげるから」などと教え合いを促すように学生に語りかけながら個別指導もしていく。ときに活発な意見交換を行うグループに対して「あー互いに確かめ合っている，いいね，そうそう」などと他のグループにも聞こえる声でコメントすることでクラス全体の教え合いの活性化を図っている。

次に、予習課題にグループで取り組ませる。ここでは、その演習と解説が中心と

> **問 2** 関数 $f(x, y) = x^3 - 2xy - y^2 - x$ の極値を求めよ.
>
> **解** (1) 連立方程式 $f_x = 3x^2 - 2y - 1 = 0, f_y = -2x - 2y = 0$ を解くと，極値をとる点の候補として $(x, y) = (-1, 1), \left(\frac{1}{3}, -\frac{1}{3}\right)$ を得る.
>
> $$f_{xx} = 6x, \quad f_{xy} = f_{yx} = -2, \quad f_{yy} = -2 \quad \text{より} \quad \det H_f(x, y) = -12x - 4$$
>
> $\det H_f(-1, 1) = 12 - 4 = 8 > 0, f_{xx}(-1, 1) = -6 < 0$ より，$f(x, y)$ は点 $(-1, 1)$ で極大値 $f(-1, 1) = 1$ をとる．また，$\det H_f\left(\frac{1}{3}, -\frac{1}{3}\right) = -8 < 0$ より，$f\left(\frac{1}{3}, -\frac{1}{3}\right)$ は，極値ではない．

図 6-3　基礎的演習における問題と解説

なるが，その様子を学習内容とあわせて具体的に紹介しよう．

図 6-3 は，基礎的な内容の問題と解答を示している．以下は，図 6-3 の解答にある 3，4 行目の計算について，3 人の学生が対話している会話の様子である．

> 1　学生 B：あ，俺違う，16 でてくる？
> 2　学生 A：12 + 4，え，だってさ（計算の根拠を示して）
> 3　学生 C：12 + 4 とかってある？
> 4　学生 B：ここ（学生 A の提示した根拠を踏まえて解説する）
> 5　学生 C：天才やん，え，でもなんで？
> …（省略）…
> 6　学生 A：ここマイナスや，うわ，だまされた！[1]

学生 B が，自身の計算の仕方の違いに気づき，学生 A に「16 でてくる？」と尋ねており (1)，学生 A が計算の根拠を示しつつ (2)，間違いではないことを指摘している．隣席の学生 C が学生 B, A の会話に入り，再度，「12 + 4」が正しいかどうか確認をしている (3)．学生 B は学生 A の根拠を踏まえて，学生 C に説明しており (4)，学生 C は納得した様子を示す (5)．学生 B の説明により，こんどは学生 A は自身の理解に誤りがあることに気づき，訂正を図る (6)．このように，学生同士が他者の説明やその根拠を使用するような学び合いが展開している様子が随所に観察される．基礎的内容においては，このように互いに教え合いを促すベースグループのような，互いの理解度の差異に応じた学び合いが展開される．一方，標準的な内容においては，教師の指導も一部介在する形での学びが起こる．このことについて，標準的な演習課題（図 6-4）への取り組みの様子から考えたい．

---

[1] 学生は，$\det H_f(x, y) = -12x + 4$ と計算を間違えている．なお，上記の解答は，この段階では学生には提示していない．

06 数学における反転授業

> **問 3** 関数 $f(x,y) = xe^{-x^2-y^2}$ の極値を求めよ．
>
> **解** 連立方程式 $f_x(x,y) = (1-2x^2)e^{-x^2-y^2} = 0, f_y(x,y) = -2xye^{-x^2-y^2} = 0$ を $(e^{-x^2-y^2} > 0$ に注意して) 解くと，$y = 0, x = \pm\dfrac{1}{\sqrt{2}}$ を得る．すなわち，$f(x,y)$ の停留点は
> $(x,y) = \left(\pm\dfrac{1}{\sqrt{2}}, 0\right)$ である．また
> $$f_{xx}(x,y) = -2x(3-2x^2)e^{-x^2-y^2}, \quad f_{xy}(x,y) = f_{yx}(x,y) = -2y(1-2x^2)e^{-x^2-y^2}$$
> $$f_{yy}(x,y) = -2x(1-2y^2)e^{-x^2-y^2}$$
> $$\det H_f\left(\dfrac{1}{\sqrt{2}}, 0\right) = -2\sqrt{2}e^{-1/2}\cdot(-\sqrt{2}e^{-1/2}) = \dfrac{4}{e} > 0, \quad f_{xx}\left(\dfrac{1}{\sqrt{2}}, 0\right) = -2\sqrt{2}e^{-1/2} < 0$$
> $$\det H_f\left(-\dfrac{1}{\sqrt{2}}, 0\right) = 2\sqrt{2}e^{-1/2}\cdot(\sqrt{2}e^{-1/2}) = \dfrac{4}{e} > 0, \quad f_{xx}\left(-\dfrac{1}{\sqrt{2}}, 0\right) = 2\sqrt{2}e^{-1/2} > 0$$
> であるから，$f(x,y)$ は $(x,y) = \left(\dfrac{1}{\sqrt{2}}, 0\right)$ で極大値 $f\left(\dfrac{1}{\sqrt{2}}, 0\right) = \dfrac{1}{\sqrt{2e}}$ をとり，
> $f(x,y)$ は $(x,y) = \left(-\dfrac{1}{\sqrt{2}}, 0\right)$ で極小値 $f\left(-\dfrac{1}{\sqrt{2}}, 0\right) = -\dfrac{1}{\sqrt{2e}}$ をとる．

図 6-4 標準的演習における問題と解説

以下は，図 6-4 で示した問題の演習課題の解法について学生同士で確認しあう様子を示している．

```
1  学生A：ここわかった？（図6-4の1行目の連立方程式を指して）
2  学生B：うん
3  学生C：こうやろ？（間違った自分の解答を学生A，Bに示している）
4  学生A：ここyは0やろ？
5  学生C：え？
6     T：符号が（学生Cの解答には「x =」の後の±の符号がない）
…（省略）…
7  学生C：あ！
```

標準的内容の課題では多くのグループで話し合いが活性化するわけではないものの，上記のように互いに疑問を呈しあいながら，理解度の確認を図ろうとする会話が目立つ．学生 A が学生 B に対して「わかった？」と尋ね (1)，学生 B は「うん」と答えるが，解説まではしない (2)．そこで隣席の学生 C が自身の理解を学生 A，B に示すが (3)，こんどは学生 A が学生 C の発話を受けて，「y は 0 やろ？」と訂正をはかる (4)．学生 C は改めて自身の解答を見て「y = 0」と訂正するが符号の間違いに気づかないので，こんどは傍にいた教員が符号に注目するようにと指示す

る(6)。学生Cが「あ!」と述べるように,自身の間違いに改めて気づく。

　このように講義においては,課題理解の定着を学生に促すため,学習内容に関して学生がわからない点については,動画内容に関する解説をする。ただし学生同士で十分な理解に至りそうな学生に対しては全てを教えることは控え,学びの手がかりの提示にとどめることによって,学生自身に学ばせる試みがなされる。たとえば教員の教授も,先のようにあくまで解法のヒントの提示に留め,詳細の内容についてまではグループ演習中には解説はしない。座席の近い者同士で対話の促進を図るべく,より学習してもらいたいポイントでは,あえて解答を提示しない方略を使用しているのである。このように学生の理解度に照らしあわせながら,教授方略の切り替えを実践していることがわかる。反転授業における対面場面における学びが功を奏する背景には,先述のような教員のティーチングの制約を緩やかに調整可能なものとする教員の教授方略のレパートリーの拡充という点が密接に関係しているものと考えられる。

6 反転授業における効果と課題

　以上,反転授業の様子について紹介してきたが,最後に反転授業における効果とそこでの課題を改めて考えたい。まず全体を通しての反転導入後の学生の様子についてみると,予習としての動画の視聴については,70%程度の学生はできているが,問題を解くところまで到達できている学生は半数以下であった。若干名だが,完璧に予習している学生もみられる。また,対面授業における問題演習の場面では,約7-8割の学生は,友人同士で相談したり教え合ったり様子がみられた。

● 6-1　効　　果

　では効果としてはどのようなことがいえるだろうか。ここでは試験課題の内容の一部変更,基礎学力の低下といった要因もあり,統制群を設けたプレポスト法による厳密な検証の方法ではないが,参考までに反転導入前後の成績の比較から考えるべく,年度と学期別の成績比較の結果をもとにみてみたい(表6-1)。表6-1から反転導入後の2014年度秋学期は,他の年度学期に比べ,点数が高いことが

表6-1　年度・学期別にみる成績比較

年度・学期	平均（標準偏差）
2013年度・春（反転導入前）	53.1（24.7）
2013年度・秋（反転導入前）	55.6（23.4）
2014年度・春（反転導入前）	41.9（22.6）
2014年度・秋（反転導入後）	67.6（18.1）

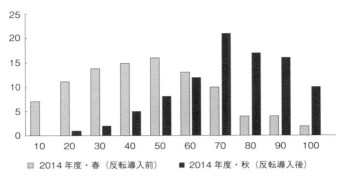

図 6-5　学期別にみる成績比較

読み取れる。また，学期別に，点数の比較をしてみると，春に比べ，秋の方が，70点代を中心に，正規分布に近い形となっており，得点の向上を読み取ることができる（図 6-5）。では実際にはどのような点に反転による学びの効果を学生自身は認めているのか。

ここでは「学生の学び」に焦点をあて，反転授業に関する感想について述べた学生の自由記述アンケートの結果をコード化したものから考えてみたい。便宜的に，1) 事前学習，2) 対面学習，3) 事後学習の三つに整理して（表 6-2, 6-3, 6-4），それぞれについて考察する。

1) 事前学習

まず一般的にもいえることとして，反転授業においては，学生は予習動画を予め視聴するので，対面授業の内容理解の手助けになるという点で効果があるといえる（A1【学習内容の理解の手立て】）。学生にとっては学習方法としての目新しさも手伝って，学習理解が容易になる点で効果を認める回答があった（A2【学習方法の新鮮さ】）。また，学生の学びを深めるという点で注目されるべきなのは，予習を通して予め学生が疑問を見い出すことができるという点である（A3【新たな疑問の発見】）。疑問をもつことで，学生は授業に対して，より動機づけられるようになり（A4【対面授業への動機づけ】），後述するように，授業での学習内容の理解を深めるための構えをつくることができるからである。特に検討しがいがあるのは，「予習の段階では自分がやっていることが本当に正しいのか，わからないからまちがった知識を覚えてしまうことがあった」という学生のコメントにあるように，誤った知識をもっ

て授業に臨む場合がある,という点である(A5【学習内容の誤った理解】)。誤った知識・概念理解を促してしまうという点においては,一見,そこでの学習は非効率的であるようにみえるものの,その先行知識を学びほぐすことによって深い学びに至る準備状態を学生に設えることが可能だという見方も可能であるから,「効果」の一つと捉えることもできるのである。実際に,当の学生の春と秋の学期末試験の成績をみても,反転を通した授業試験において,大幅に得点が向上しており,どのような学びがみられたのかの詳細が気になるところである。いずれにせよ,反転授業における事前学習での効果として,対面授業における学びのための備えを形作る点に特徴を見い出すことができるだろう。

2) 対面授業

対面場面における学習においては,どのような効果があるといえるだろうか。まず,演習時間の増大によって,仲間同士による教え合いを促しやすくできるという

表6-2 反転授業における事前学習での効果

コード	記述内容
A1【学習内容の理解の手立て】	前期よりもわからないという問題が少なくなったので,予習の動画を見るだけでも理解の手助けになっていると感じました。(14→54)
	動画はよかった (43→91,17→62)
	(動画内容が)とってもわかりやすかった。
A2【学習方法の新鮮さ】	動画での予習は新鮮でやりやすかったので,来年も続けてください。
A3【新たな疑問の発見】	とても良いと思います。自分で解いて初めてわかる疑問が多々ありました。少しわがままかもしれませんが,やはり証明をきちんと知りたいです。(81→100)
A4【対面授業への動機づけ】	予習での疑問を,授業で理解しようと努力するようになった。(23→63)
	動画を見て家で予習をするのは少し難しかったですが,演習中心の授業の方が問題を解いてみてどこがわからないのか自分でわかるのでよかったです。(49→83)
A5【学習内容の誤った理解】	予習の段階では自分がやっていることが本当に正しいのか,わからないからまちがった知識を覚えてしまうことがあった。(59→93)

注)文末の( )内の数値は春学期から秋学期にかけての成績の変化を示しており,春から秋にかけて30点以上の得点の向上がみられたもの,または秋の得点が90点以上のものを示している。なお類似の記述内容がある場合にはまとめて記しており,文中で内容を補う場合には( )で記す。以下の表も同様。

表 6-3 反転授業における対面学習での効果

コード	記述内容
B1【仲間同士による教え合い】	友達と相談しながら問題に取り組んでいるので，理解しやすくなった。
	授業中眠くならないし，友達に教えてもらえるので助かっています。
	グループワークが多く，近くの人と親密になりやすいので気軽にわからなかったこともきけるようになったと感じました。
	話し合いは良いと思います。(70→96)
B2【アクティブな学習】	問題中心の方が，頭を使う時間が長いので証明中心の授業よりはいい。(44→76)
	後期になって，手を動かす授業が増え，授業中に理解できることが多くなった。自分のペースで問題が解けてとてもよかったと思う。
	動画を見るのをわすれたりしたときでも，授業でカバーしてくれてありがたかったです。演習形式なので前期よりも各回の授業に真剣に取り組めたし，頭を使えてすごく良かったと思います。
	証明主体の授業よりも，自分たちで手を動かす授業の方が眠くならないので集中できました。
	授業中に問題を解く練習ができたのはとてもよかったです。
B3【予習内容の想起】	動画を見て授業を受けているので，わからないことでも一度はしたことがあるのですぐに思い出せるし，勉強の効率も上がっている。(38→75)
	春学期は授業のとき寝てしまったりして内容がわからなかったが，予習することで理解できるようになった。(43→78)
B4【学習内容の理解の深まり】	予習することで，2回同じ内容を学ぶことができるので，前期より理解度が上がったと感じる。(22→68，45→88)
	最初は面倒だったけれど，授業で問題を解いていて「わかった！」と思える瞬間があり理解することができました。1回につき15分が限度。
B5【教員による指導の救援要請】	相談の時間もいいけれど，やっぱり先生に訊くのが一番早い。(63→92)

表 6-4 反転授業における事後学習での効果

コード	記述内容
C1【復習の容易さ】	わからなかった部分の復習が手軽にできるのが良いと感じました。
C2【反復的な学習】	動画は何度も繰り返し視聴できるので，自分で理解できるまでできるのでとても良いです。

点で効果があるといえるだろう（B1【仲間同士による教え合い】）。また、「後期になって、手を動かす授業が増え、授業中に理解できることが多くなった。自分のペースで問題が解けてとてもよかったと思う」といった記述は、反転による対面授業での学習効果といってよいだろう（B2【アクティブな学習】）。その効果を高めている要因の一つは、事前動画における予習内容の想起を促すことにある（B3【予習内容の想起】）。実際、「動画を見て授業を受けているので、わからないことでも一度はしたことがあるのですぐに思い出せるし、勉強の効率も上がっている」とする学生がいる。二つ目に、2度教えることが可能になるダブルティーチングによる丁寧な指導という点を挙げることができる。「先生に訊く」ことの機会が授業内に増えたり、動画を見ることが叶わなかった場合においても、授業でもきめ細かくカバーできたりするという点に効果が認められる（B5【教員による指導の救援要請】）。学びの質の深まりという点でも、演習への取り組みによって「2回同じ内容を学ぶことができる」点に理解度の向上を認める学生もいるように（B4【学習内容の理解の深まり】）、ダブルティーチングの効果がここから見て取れる。

3）事後学習

　事後学習の効果としては、「わからない部分の復習が手軽にできるのが良いと感じました」といったように、復習の容易さに言及する学生がいた（C1【復習の容易さ】）。また事前学習にも共通するが、動画を何度も見ることができる点にメリットを感じる学生がいるように、動画の内容を繰り返し復習することで学びにつながると捉える学生もいた（C2【反復的な学習】）。反転授業の効果的な学習において、反復的な学びを授業内でデザインすることの重要性を見て取ることができるだろう。

● 6-2 課　題

　一方、課題としてはどのようなことを挙げることができるだろうか。授業担当者は、受講者の顔と名前を早く覚え各人の学習状況を把握するため、4月当初より受講者の座席は指定している。秋学期の「反転授業」後も、座席は基本的に変更していないので、演習課題に取り組むときの「教え合い」「学び合い」などは、それぞれが自分の座席の近くの友人と行うことが多かった。そのため、グループに分かれて議論したりするということはできておらず、友人同士のみによる「話し合い」が活発で、その内容も「質が高い」というふうには必ずしもなっていない。

　したがって今後の課題としては、成績を加味して教員がグループ編成をし、与え

られた演習課題に対し，必要に応じて各グループに発表させることや，適宜あるいは定期的にグループの構成メンバーを変更し，議論や討議がより活発になるような方策を講じることなどがあげられる．

7　おわりに

　本章では，基礎数学での反転の実際を紹介してきたが，最後に2点，展望を述べたい．一つは，反転での学びの中身である．伝統的・教科書的な教材配列やその取り扱いについて，本当にそれが今の時代，今の学生に適合するようなものになっているのか，固定観念にとらわれることなく検討する必要があるということである．その意味においても，教員の深い教材理解が学生の学びを促す可能性を十分に検討する必要があるだろう．

　またこの点と関わって，第二に反転を通した教えと学びの関係についてである．反転授業を含むアクティブラーニング型の授業実践においては，「教えること」を組み立てていく対面での教員の指導のなかに，学生の気づきや語りが取り込まれていく．つまり，反転授業という実践を学生の学びの観点から捉えるとき，彼らの語りや気づきによって広げられた文脈のなかに教員の指導がいかに埋め込まれていくのかが問われる視点となる．たとえば，標準的な内容における教員の指導にみたように，緩やかに調整可能となった教授レパートリーの使用によって学生の学びを引き出す一例を確認した．講義と演習の役割を反転させた対面場面における教員と学生とがどのように互いに関わり合い，教員と学生とが互いが一つの単位となって，授業システムを変容させていくのかを問う必要があろう．豊かな学びの場が生まれつつある事象への接近に際し，反転授業での学びに「教え」の契機をどのように組み入れて展開するのかについて，ヴァリエーションを重ねながら，今後も検討していくことが望まれる．

【付　記】
　本章では，文部科学省大学教育再生加速プログラム・シンポジウム「反転学習はディープ・アクティブラーニングを促すか？」（2015年2月24日於関西大学）のポスターセッションプログラムの発表内容を一部改変して使用している．発表者・発表題目は，以下の通り．
・山田嘉徳・濱本久二雄・森朋子　「反転学習におけるダブルティーチングの教授方略の検討」
・濱本久二雄「「基礎からの数学2」における反転授業の試み」

【引用・参考文献】
船森美穂（2014）.「反転学習のアンチテーゼ」主体的学び研究所［編］『主体的学び2号』東信堂, pp.3-23.
松下佳代（2010）.『〈新しい能力〉は教育を変えるか―学力・リテラシー・コンピテンシー』ミネルヴァ書房
森　朋子（2015）.「反転授業―知識理解と連動したアクティブラーニングのための授業枠組み」松下佳代・京都大学高等教育研究開発推進センター［編著］『ディープ・アクティブラーニング―大学授業を深化させるために』勁草書房, pp.52-57.

第2部
人文社会科学系分野における反転授業

07 「新入生を対象とした英語科目」における反転授業[1]

奥田阿子

1 はじめに

　長年，英語教育の現場で行われてきた指導法は教師中心であり，本（教科書）を読み，関連の問題を解く，といった個人での学習に焦点が当てられてきた。しかし，ICTなどの発展に伴って，現在では学習者中心の指導法にシフトし，個人学習に加え，ペアワークやグループワークなど他者と関わりをもちながら主体的に学ぶ社会的構成主義の学習スタイルへと移り変わってきている。このように，学習スタイルが変化したことにより，学生の英語力向上が期待されるが，奥羽ら（2013）が指摘するように，大学生の英語力は低下の一途をたどっている。その一方で，文部科学省は，2012（平成24）年度より「グローバル人材育成推進事業」を，2014（平成26）年度からは「スーパーグローバル大学等事業」を開始するなどグローバル人材の育成強化に乗り出している。大学生に求められている英語力は現状の英語力よりもはるかに上であり，大学の在学期間中にいかに学生の英語力を向上させるか，その方法を探ることは早急に取り組むべき課題であるといえる。採択された大学では，語学教育を一層重視し，英語で授業を行う，専門科目などで英語の授業数を増やすなど，何とかして学生の英語力を向上させようと工夫をしているが，全体の英語力を底上げしながら，上位層の英語力をより一層伸ばすことは容易ではない。

　まず，英語力を上げるためには「学習時間の確保」が必要であり，授業時間だけ

---

[1] 本章は，奥田阿子・三保紀裕・森　朋子・溝上慎一（2015）．「新入生を対象とした上級英語クラスにおける反転学習の導入と効果の検討―長崎大学を事例として」の論文を発展させたものである。

では不十分であることはいうまでもない。そこで，不足している学習時間を補う目的で，eラーニングを導入している大学も多く，その学習効果に期待が寄せられている。だが，土田・工藤（2012）が指摘するように「多くは期待された効果をあげられずにいるか，大きな問題を抱えている」のが現状である。折田・菅岡（2015）が述べているように，「自律度の高低が英語学習への取り組み方を左右する」ものであり，eラーニングはその学習の自由度さゆえに，自律度に学習効果が左右されやすい特徴がある。つまり，教材を与えただけでは学習者を学習活動に方向づけることは難しく（中條他, 2005），教員は，通常授業でeラーニングの学習内容を取り扱うなど，何らかの形で介入することが求められる。筆者は，eラーニングを用いた課外学習に対する動機づけを高める仕掛けとして，反転授業を試みた。本章では，動画作成という負担を軽減するため，上記で述べたような既存のeラーニング教材やインターネットで手軽に手に入る汎用的なビデオ教材を反転授業用の教材として活用した事例である。実践した感想や今後の課題も含め紹介したい。

2 授業の概要

　長崎大学の学生は，教養教育の英語科目として総合英語Ⅰ，Ⅱ，Ⅲ，英語コミュニケーションⅠ，Ⅱ，Ⅲを必ず履修しなければならない。通常のカリキュラムでは，1年次に日本人の教員が担当する総合英語Ⅰ（前期），Ⅱ（後期）と外国人の教員が担当する英語コミュニケーションⅠ（前期），Ⅱ（後期）が開講されている。総合英語Ⅰ，Ⅱでは，リスニング強化のためにeラーニングでの学習が義務づけられている。学習必須のeラーニングは，学部や学科によって教材が指定されており，学生自身が学習教材を選択することはできない。学習成果は半期に2度行われる小テストの結果を成績の一部に組み込むことで評価している。一方，授業形態においては，長崎大学では，授業中にアクティブラーニングを導入することを推奨している。森（2015）は，反転授業の対面授業における学習者の活動は，アクティブラーニングにおける活動と同様のものであることを指摘しており，反転授業の効果にはアクティブラーニングを通じて期待される効果が含まれていることが考えられる。このことから，本章で扱う授業でも，対面授業ではアクティブラーニングを導入することにした。

　事例として紹介する対象科目は，26年度に入学したA学部の1年生に開講された「総合英語Ⅰ」と「総合英語Ⅱ」である。1年生は名前順にクラス分けされており，

表 7-1 授業概要

対象クラス(授業名)	人数	eラーニング教材名	講義内容		
クラス1(総合英語Ⅰ)	35名	New York Live	第1回	・反転授業とは何か・反転授業の事例紹介	
			第2回		
			第3回	・授業前に学習した範囲の内容確認	前半
			第4回	・授業前に学習した範囲の英単語やフレーズを使用した英作文の作成とピアレビュー	
			第5回		
			第6回	・授業前に学習した範囲の内容確認とリスニング指導	
			第7回	・ロールプレイの台本作成	
			第8回	・撮影に向けた試し撮り,発音練習(ロールプレイで演じるセリフ)	
クラス3(総合英語Ⅱ)	29名	People at Work	第9回	・撮影	
			第10回	・振り返り,相互評価	
			第11回	・英語学習の目的について考える	後半
			第12回	・「Willpower」について考える	
			第13回	・「Willpower」の実験計画を立てる	
			第14回	・ビデオ撮影に向けた台本作成	
			第15回	・撮影	

筆者はクラス1とクラス3の授業を担当した。なお,両クラスの指導内容,授業内容ともに大きな違いはないが,eラーニング教材のみ異なるものを使用した(表7-1)。第3回目の授業より反転授業を導入し,授業は前半と後半(前半:第3回－第10回,後半:第11回－第15回)に分けて構成した。前半は反転授業を通してeラーニング教材に対する学習の自律性を身につけること,後半では英語を学習する目的を見直し,自律性の更なる強化を狙いとしている。なお,新入生を対象にした理由は,新しい学習スタイルを比較的受け入れやすい時期に実施することで,反転授業の効果が確認しやすいと考えたからである。また,反転授業を導入するに至った背景には,学習必須のeラーニングが課外学習として上手く機能していない問題が明らかになったことがある。2013年度(平成25年度)の学習時間の調査から,全く学習していない学生や2時間程度の学習に留まっている学生が多くいることがわかった。筆者は,課外学習に対する動機づけを高める工夫が必要であると感じ,反転授業の導入

に踏み切った。

3 授業方法

● 3-1　前半（第3回 – 第10回）の授業方法

　学習必須のeラーニング教材には，2分程度から成る動画が各 Unit にいくつか用意されている。繰り返し動画を視聴しながら英単語やフレーズを学び，適宜出題される問題に答えながら内容理解を深められるように設計されている。スクリプトや新出英単語の一覧表は紙ベースでは配布されておらず、画面上で確認ができるようになっている。そのため，事前学習では，①指定された学習範囲までeラーニングを学習し，②聞き取れなかった部分の英単語や，わからなかった（知らなかった）英単語やフレーズなどをノートに書き出し，単語帳を作成させた。授業前に英単語や教材内容などの基本的な知識を獲得しておくことで，授業中にはアクティブラーニング型の授業を通して応用力を身につけられるように促す工夫をした。

　第3回 – 第5回目の対面授業では，「書く」活動として，学習範囲の英単語やフレーズを使用した英作文を30分程度で作成し，グループ内でピアレビューをさせた。この作業は，三宅なほみ氏が提唱する「協調学習の授業デザイン」を参考にし，ミニクイズ（各自）➡学習内容のフォローアップ（グループ）➡事前学習で学んだ英単語を使った英作文の作成（各自）➡ピアレビュー（グループ）のように各自での作業とグループでの作業を交互に行うことによって，自分の理解度を確認し，他者との活動を通して他者の異なる視点を取り入れながら，理解度を更に深めていくことを目的としている。1回分の授業の流れは授業デザイン（対面授業 – 1）に示す通りである。

　第6回目 – 第10回目の対面授業では，主に「話す・発表する」活動を行った。この活動では，まず4名 –5名から成るグループを作り，学習必須のeラーニングの内容に即した内容でロールプレイングをさせることを最終的な課題として与える。たとえば，eラーニングの学習内容が職業に焦点を当てたものであれば，学生は自分の身近にある職業について調べ，ロールプレイング用の台本を作成させた。台本の作成の際には，eラーニングで学んだ英単語やフレーズを使用して台本を作成させるなど，できるだけ学んだことを活かすように指示を出した。作成した台本は教員が添削し，適宜フィードバックを行った。1回分のおおよその授業の流れは授業デザイン（対面授業 – 2）に示す通りである。次に，ロールプレイングの練習から振り

● 事前学習（前半）
①指定された学習範囲までeラーニングを学習する。
②動画を見て，ノート（単語帳）を作成する。

● 事前学習（後半）
①指定された範囲の動画を視聴する。
②関連資料を読む。
③教員から提示された課題に取り組む，または①と②で学んだことをノートにまとめてくる。

↓

● 対面授業－1
①ミニクイズ（10分）
事前学習の内容をクイズ形式で出題し，理解度を図る。
②学習内容のフォローアップ（15分）
学習内容で理解できなかった箇所や疑問に思ったことをグループ内で確認し合う。必要に応じて，教員からの解説あり。
③事前学習で学んだ英単語を使った英作文の作成（30分）
わからなかった（知らなかった）単語を用いて英作文をすることで，英単語の定着を図ると同時に，使い方を学ぶ。
④ピアレビュー（25分）
グループ内で英作文のピアレビューを行う。
⑤授業コメント，アンケートへの記入（10分）

↓

● 対面授業－2
①ミニクイズ（10分）
事前学習の内容をクイズ形式で出題し，理解度を図る。
②グループでの作業（70分）
学生は，与えられた課題をグループで遂行する。教員はグループからの質問などに対応する。
③授業コメント，アンケートへの記入（10分）

↓

● 対面授業－3
①ミニクイズ（10分）
事前学習の内容をクイズ形式で出題し，理解度を図る。
②声に出す／ビデオ撮影／振り返り（70分）
グループごとにロールプレイングに向けた練習，発表，振り返りを行う。
③授業コメント，アンケートへの記入（10分）

↓

● 復習
①eラーニング教材（ビデオ教材）の再視聴
②ノート（単語帳）の再確認

図7-1　授業方法

返りまでの作業は，岩居（2013）が提示する「グループワークが中心の岩居式外国語指導」に基づき，ステップ①「声に出す」，ステップ②「ビデオに撮る」，ステップ③「振り返る」という流れで指導を行った。ステップ①では，発音指導を行い，声に出して練習をさせた。また，ステップ③では，クラス全員で撮影したビデオを視聴し，評価基準が書かれた評価シート（ルーブリック）を用いて相互評価させた。その後，グループごとに教員からのフィードバックと他者からの評価シートを返却し，自分たちのロールプレイングについて振り返りをさせた。1回分のおおよその授業の流れは授業デザイン（対面授業 – 3）に示す通りである。

● 3-2　後半（第 11 回 – 第 15 回）の授業方法

後半の授業では，自律性の育成にも関連する題材として「意志力（Willpower）」について取り上げた。学生は，意志力とは何かを学び，意志力を自分の英語学習に応用しながら，自律性の強化を図った。事前学習では，数回に分けて「意志力」についての動画を視聴してくるように課題を提示した。動画は，学生も興味・関心が高い TEDTalks のものを使用した。動画やスクリプトは，オフィシャルサイトからダウンロードすることが可能である。教員は可能であれば，5分程度に区切ったファイルを数個作成して学生に提示すると，学生は学習範囲がわかりやすく，視聴しやすい。事前学習では①指定された範囲の動画を視聴する，②関連資料を読む，③教員から提示された課題に取り組む，または①と②で学んだことをノートにまとめてくる，といった課題を与えた。

第 11 回目 – 第 12 回目の対面授業では，第 3 回目 – 第 5 回目の授業デザイン（対面授業 – 1）と同様に個人とグループでの作業を交互に行った。授業中には，何故，英語を学習するのか，どんな目標をもっているのか，目標を実現させるためには，どのような学習方法があるのか，現状の英語力はどうかなど，現状と今後について個人で具体的に考えさせた。その後はグループで，個人で考えたことと事前に学んだ「意志力」との関係について考えさせる時間を設けた。

第 13 回 – 第 15 回目は授業デザイン（対面授業 – 2, 3）と同様の流れである。今回のビデオ撮影では，意志力を高めるために自分がしたことは何か，それは効果的だったかをグループごとでまとめ，プレゼンテーションする様子を撮影した。たとえば，毎日 5 分程度でも運動すると意志力が向上すると学んだグループは，1 週間程度実践をし，効果の有無や実践した感想などをまとめていた。

4 反転の効果および考察

反転授業の効果および考察については，反転授業導入前のクラスと導入後のクラスの成績比較，半期に2度実施された小テストによる学習理解度，学習時間，学生の様子などをもとに述べる。なお，統計処理は京都学園大学の三保紀裕先生が行っており，分析結果と考察の一部に，奥田ら（2015）の文章を部分的に引用した箇所が含まれている。

● 4-1 分析結果

まず，反転授業の効果について，これまでの反転授業を受けていない2013年度のクラスと2014年度の事例クラスの成績を比較した（図7-2）。なお，成績のつけ方に大きな変更点はない。その結果，成績の平均値に大きな違いはみられなかったものの，「不可」の学生の比率が下がったことがわかった。反転授業を行う前の「不可」が11.1％だったのに対し，反転授業導入後は3.4％となったことから7.7ポイントの減少がみられた。

次に，クラスごとの傾向について明らかにすべく，クラスを独立変数，学習履歴，小テスト成績を従属変数とした一元配置分散分析を行った。ここで示すクラス2は反転授業を全く導入していないクラス（同学部の1年生）である。学習履歴では「総合英語Ⅱ」においてのみ有意差がみられた。Tukey法による多重比較の結果，クラス1がクラス2，3よりも有意に値が高かった（表7-2）。一方，小テストの成績では

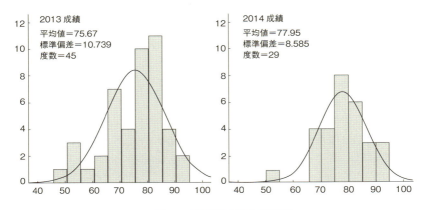

図7-2 反転導入前後の成績比較

表7-2 eラーニングにおける学習時間の分析結果

		n	平均値(分)	標準偏差	分数分析結果	効果量
総合英語Ⅰ	クラス1	35	290	194	$F(2,96)=0.73$(n.s.)	$\eta^2=0.01$
	クラス2	35	349	295		
	クラス3	29	358	245		
総合英語Ⅱ	クラス1	35	390	256	$F(2,96)=8.67$($p<001$) クラス1>クラス2,3	$\eta^2=0.15$
	クラス2	35	195	170		
	クラス3	29	210	211		

表7-3 小テスト結果における分析結果

		n	平均値	標準偏差	分数分析結果	効果量
総合英語Ⅰ	クラス1	35	81.49	7.14	$F(2,96)=8.92$($p<001$) クラス1>クラス2	$\eta^2=0.16$
	クラス2	35	69.49	13.92		
	クラス3	29	76.48	13.81		
総合英語Ⅱ	クラス1	35	68.11	10.28	$F(2,96)=7.20$($p<01$) クラス3>クラス2	$\eta^2=0.13$
	クラス2	35	62.11	12.32		
	クラス3	29	73.97	14.82		

「総合英語Ⅰ」「総合英語Ⅱ」のいずれにおいても有意差がみられた（表7-3）。多重比較（Tukey法）の結果,「総合英語Ⅰ」ではクラス1がクラス2よりも有意に得点が高かった。「総合英語Ⅱ」では，クラス3がクラス2よりも有意に得点が高かった。得点が高かったクラスは，いずれも反転授業を取り入れたクラスであった。

自律性の育成の効果については，自律性が育てば，授業外の学習もより積極的になり学習時間が延びるのではないかと予測していたが，学習履歴の結果からはプラスの結果を得られることはできなかった。大藪（2015）は，アクティブラーニングを導入した授業では,「授業中の活動を，授業外の自律的な学習を促し定着させる役割と位置づける」ことにより，自律性の育成が可能であると述べているが，今回の実践では授業外での学習を促すところまでは自律性を育成することはできなかったと考える。

● 4-2　考　察

　結果として明らかになったことは，反転授業は，学習内容の理解を促進するという点において効果があったといえる。学習内容の理解が高まったことにより，脱落者の割合も減り，全体の底上げ効果があった。この結果は，ガディリら（Ghadiri et al., 2013）で得られた先行研究と同様の結果が得られたといえる。しかし，小川（2015）が指摘するような授業外での学習時間の増加という点については，通常のクラス（クラス2）との明確な違いを見い出すことができなかった。ただし，eラーニング教材の視聴時間は成績や小テスト成績と有意な相関があり，学習内容の理解に寄与しているのは間違いないであろう。反転授業はeラーニングによる予習を前提とした仕組みとなっているため，これらの相関は当然の結果ともいえる。しかし，eラーニングによる予習が前提であるがゆえに，学習時間の担保という点では一定の強制力をもつものの，学習時間の更なる確保という点には繋がらなかったものと思われる。

　自由記述の学生アンケートでは，「自分がやってこないと自己責任になるし，グループに迷惑をかけるので，きちんとやることができる」「グループ活動などが多かったので自分の意見を話したり，表現することができた。自分が本文を事前に訳してこないとグループの人に迷惑がかかってしまったので，事前学習が意欲的にできた」「より自主性，自主学習の意欲が促進された」など，授業中の取り組みに対して肯定的な意見が聞かれた。その一方で，「グループワークをもっと内容の濃いものするべきだと思いました」「事前学習をしたのに，その内容が授業であまり使われないこともあった」「グループ学習をするのは良いことだと思うが，事前に学習している人，してこない人との間に差ができて不平等に感じてしまうこともあった」など，今後の改善点となり得る記述がみうけられた。これらの自由記述を総括すると，授業設計に改善の余地があることが明らかとなった。たとえば，後半の授業（第11回 – 第15回）では，扱う学習内容の難易度は高めであったのに対し，残りの授業回数が少なく，解説やグループワークにかける時間が少なくなってしまった。それにより，事前に得た知識や意見を十分に吟味する時間が取れず，さらに，学習範囲の一部しか授業で扱うことができなかった。また，前半の授業（第3回目 – 第10回目）では，事前学習の内容をグループ内で確認し合うフォローアップの時間を設けたことにより，学習せずとも授業へ参加できる状況を作り出してしまった。事前学習時間の調査からは，週3時間を超えて学習をする学生から，週に30分程度しか学習をしない学生もいた。このような，学習時間のバラツキの差を埋める工夫も必要なのか

もしれない。このような点が,「学習時間の増加」や「自律性の育成」において,上記のような分析結果に繋がった可能性が高いと考える。塙ら（2014）は「反転授業の成否は,対面授業の設計と運営に大きく依存する」と述べているように,特に授業中のアクティブラーニングにおける活動が反転授業を成功させる最も重要な要素であるといえる。具体的な改善として,事前学習と授業中の活動をよりリンクさせること,事前学習が絶対に必要となる学習活動にすること,事前学習の学習範囲と授業で扱う範囲を一致させること,などが考えられるだろう。また,反転授業とは何かについて,きちんと理解せずに学習していたという学生もおり,反転授業と今までの通常授業の違いについて周知徹底する必要もあるように思う。

　芝池・中西（2014）でも指摘されているように,反転授業とは「手段」であり,「目的」ではない。今後,授業設計を改善するにあたり,反転授業を導入するために授業設計を変えるのではなく,目の前にある英語学習における課題を解決するための手段として反転授業を導入する必要があることを肝に命じておきたい。

【引用・参考文献】

岩居弘樹（2013）.「教えない授業を。学生同士で学び合う場を創れ！」小池幸司・神谷加代『iPad 教育活用 7 つの秘訣―先駆者に聞く教育現場での実践とアプリ選びのコツ』ウイネット出版, pp.48–55.

奥羽充規・福元広二（2013）.「大学英語リメディアル教育再考」『鳥取大学地域学部地域学論集』**9**(3), 105–122.

大藪加奈（2015）.「アクティブ・ラーニングの手法―共通（教養）教育英語科目における実践報告」『金沢大学外国語教育論集』**9**, 51–67.

小川　勤（2015）.「反転授業の有効性と課題に関する研究―大学における反転授業の可能性と課題」『大学教育』**12**, 1–9.

奥田阿子・三保紀裕・森　朋子・溝上慎一（2015）.「新入生を対象とした上級英語クラスにおける反転学習の導入と効果の検討―長崎大学を事例として」『京都大学高等教育研究』**21**, 41–52.

折田　充・菅岡強司（2015）.「授業外の自律的な学習を取り入れた英語リスニング指導」『大学教育年報』**18**, 43–56.

芝池宗克・中西洋介（2014）.『反転授業が変える教育の未来―生徒の主体性を引き出す授業への取り組み』明石書店

土田邦彦・工藤雅之（2012）.「協働学習によるe-learning 利用促進の取り組み―授業外における英語学習時間の確保」『工学教育研究講演会講演論文集』, 114–115.

中條清美・西垣知佳子・内堀朝子・山﨑淳史（2005）.「英語初級者向けCALL システムの開発とその効果」『日本大学生産工学部研究報告B 文系』**38**, 1–16.

塙　雅典・森澤正之・日永龍彦・田丸恵理子（2014）.「反転授業における対面授業の設計と運営の重要性」『日本教育工学会第 30 回全国大会講演論文集』**30**, 753–754.

森　朋子（2015）.「反転授業—知識理解と連動したアクティブラーニングのための授業枠組み」松下佳代・京都大学高等教育研究開発推進センター［編著］『ディープ・アクティブラーニング—大学授業を深化させるために』勁草書房，pp.52–57.

Ghadiri, K., Qayoum, M. H., Junn, E., Hsu, P., & Sujitparapitaya, S.（2013）.「ムーク（MOOC）と反転授業がもたらす学びの変革—米国サンノゼ州立大学の挑戦」『大学教育と情報 2013 年度』（3）, 2–15.

08 反転授業の実践報告 [1)]

「英語学講義 I」

小林亜希子

2014 年度前期に「英語学講義 I」において反転授業を行った。以下はその実践と気づきの報告である。

1 授業概要

この授業は英米ヨーロッパ文学・語学専攻の学生を対象とした専門教育科目で，3 年生以上が受講できる。年によって異なるが，受講生数は 10 数名–30 名前後である。「生成文法」という文法理論の基本的な考えを学び，英語のさまざまな構文がどのように組み立てられているのかを分析していく。シラバスの達成目標の項目には次のように書いている。

> 科目の達成目標：
> ①生成文法理論の基本理念を理解している。
> ②簡単な英文の構造分析ができる。
> ③文の文法性判断や構文派生のあり方を理解している。
> ④上記の事柄を，生成文法理論の形式に従って論理的に説明できる。

---

1) 本章は，山梨大学大学教育センター反転授業公開研究会（2014 年 9 月 24 日，於：山梨大学甲府東キャンパス）での報告「反転授業の実践報告：「英語学講義 I」」に基づき執筆したものである。反転授業の企画・実施・結果分析に関しては，森朋子先生，七田麻美子先生，鹿住大助先生，本田周二先生にご指導・ご助力をいただいた。記して感謝申し上げる。

この講義は後期の演習とリンクしている。演習では，英語学のおもしろい問題をいくつか取り上げ，生成文法のアプローチでどこまで問題が解決できるか（できないか）を考えていく。この授業をおもしろいと思った学生が，次の年の特別研究（卒業論文）でうちのゼミを選んでくれることになる。

「英語学講義I」を受講した多くの学生が「英語学はおもしろい，もっと学びたい」と思うようになり，演習も受講し，4年次に英語学ゼミに入ってくることが理想の道筋である。

2 これまでの授業方法とその課題

とはいうものの，理想にはほど遠い状況が続いていた。ほぼ完璧に授業を理解できる学生が少数いる一方で，少し難しくなると混乱して，最初わかっていたことまでわからなくなる学生，ついて行けずにドロップアウトする学生もあった。

学生がつまずく原因は主に二つあるようだ。第一に，生成文法の方法論自体が文系の学生に馴染みにくい。生成文法はまず概念や文法規則を正確に定義し，その定義された概念・規則だけを用いてさまざまな文の構造を分析していく，という手法をとる。この理詰めのやり方に慣れない学生は，学んだことが定着しにくいようである。

第二の原因は，積み上げ式の授業になっていることである。この授業では，ある概念を学び，それを前提にしてまた別の概念を学ぶというふうに進む。概念それぞれに名前がつけられるので，説明はだんだんと専門用語だらけになっていく。生成文法の教科書からの一節を例にあげてみよう。下線部が専門用語である。

> 一般に，解釈不可能素性を持つ主要部は，それが併合された構成素の内部をのぞきこんで，それに合致する素性を探索する。(15)ではTはvPの中を探索し，Billを一致操作の相手として見つける。TとBillが一致することにより，Tの[uφ]には，値を指定された解釈可能なφ素性を持つBillから3人称単数の値が与えられ，Billの[uCase]にはTから主格の値が与えられる。(寺田，2013：61，下線引用者)

当然，授業を一回休むと先週の新出語がわからない。したがって今週の新出語の理解もあやしくなる。したがって来週も……と，一度つまずくとどんどん取り残されていきかねない。3年生はクラブ活動，介護等体験，インターンシップなどでや

むを得ず欠席することも多いので，1回や2回休んでも取り戻せるようにする必要がある。

問題を改善しようと，次のような取り組みはしてきた。

> ● 練習問題や宿題を課す：学んだことが定着するように。
> ● 専門用語をなるべく減らす：教科書の記述は正確さを目指すあまり，専門用語を多用するきらいがある。教科書でなくハンドアウトを使い，最小限の専門用語で説明する。また，そうできるトピックを選ぶ。
> ● 授業の最初に復習を行う：理解の遅い学生や前回休んだ学生のために。

ある程度の効果はあったと思うが，不満は残った。まず，教員が手取り足取りフォローするばかりで，学生が自分の弱いところを自覚し復習するといった，学生の主体的な努力を促す仕組みになっていない。また，復習の時間を増やすと理解の早い学生は退屈する。できる学生への対応も考える必要がある。

そこで，2013年度は授業のやり方を大きく変えてみることにした。それ以前の授業はハンドアウトと板書で行ってきたが，この年からは教科書を用い，板書は最小限にして主にパワーポイント（パワポ）で説明を行った。理由は二つある。まず，パワポのアニメーション機能を使えば文の派生（作られ方）が視覚的・直感的に捉えやすくなる（図8-1参照）。

また，このファイルをクラウドに保存しておけば，学生が適宜ダウンロードして復習に使うことができる。黒板に図を書きながら説明しても，最後は専門用語や説明のびっしり書き込まれた図になってしまう。学生のとるノートも同様であるから，後で見直してもわかりにくい。パワポだと説明の「順番」が見える。休んだ学生も，パワポを手がかりに教科書を読んである程度自習できるだろうと考えた。

パワポを使ったことに対する学生からの反応はおおむねよかった。教える内容を変えたので正確な比較はできないが，授業についてこられる学生の割合も上がったように感じた。しかし新たな課題も出てきた。

まず，パワポのスクリーン，黒板，教科書，ハンドアウト（専門用語，補足説明，練習問題をまとめたもの）と，見るものが多くてわずらわしい。これについては，パワポ資料を充実させることで改善しようと考えた。授業で使う全ての情報をパワポに入れてそのプリントアウトを配布すれば，スクリーンとハンドアウトしか見なくてすむ。教科書も，学生が自習をするとき参照させる程度に使えばよいだろう。

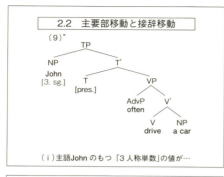
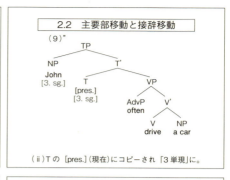
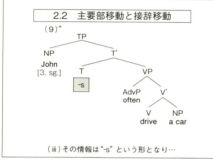
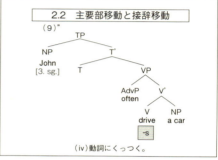

図 8-1　3 単現の -s の現れ方

　次に，休んだ学生がパワポだけを見て自習するのは実際には難しいようだった。音声説明がないので，画面のアニメーションだけではわかりにくいスライドがある。そうすると結局は教科書をよく読まねばならない。これについては改善の方法が思いつかなかった。

　その頃，「反転授業」というものがあると知り，ある理系学部の授業を見学させてもらった。教員が iPad 上の資料（数式や図）に書き込みをしながら説明する動画を学内のサイトにアップロードし，学生は事前にそれを見ながらノートを取り練習問題を解いておく。対面授業では教員が出す確認問題に学生が取り組み，できたら帰ってよい，という進め方であった。

　アップロードされた動画を見ていると，パワポでも同じように音声を重ねて記録できるのではないかと思えてきた。そうすればパワポを自習用に有効活用できるだろう。また反転にすれば，理解の早い学生は動画を 1 度見るだけ，そうでない学生は何度も見直す，というように，両方の学生に合った学び方が可能になる。対面授業は復習に

当てられるので，つまずいた学生を丁寧に指導できる。ここ数年来抱えていた問題が反転授業により改善するのではないかと思い，本学の教育開発センターの先生方に相談し，アドバイスをいただきながら2014年度に反転授業を行うことにした。

3 反転授業の方法

2014年度の授業では，全15回の授業のうち計6回（第7-9回，第12-14回）を反転授業とした。教科書の第1章（第2-6回）の内容はそれほど難しくないため，また第3章前半（第10, 11回）は逆に難しく，学生の反応をみながら解説する方がよいと考えたため，通常授業とした。反転授業の回の進め方は次のとおりである。

教員側の事前準備が多く一見大変にみえるが，④，⑤以外は使い回せるので，うまくいけば次年度以降の授業準備が大幅に軽減する（はずである）。

●対面授業までに教員がすること
①パワポのファイルを作る。
1つのファイルは5分程度の長さにし，最後に練習問題を付ける。これ以上長いと学生の集中力が切れる。1回分の講義につき，ファイル二つか三つ分とする。別に，練習問題の解答をまとめたファイルを作る。
②ファイルをスライドショーで再生・操作しながら，説明の音声を付けていく。
「スライドショー」＞「スライドショーの記録」をクリックすると，パソコンに接続したマイクを通して録音できる。使っているパソコンでは Ctrl＋マウス操作でポインターが画面に表示される。アニメーションを進めたりポインターでポイントを示したりしながら解説すると，その全てが記録される。操作や説明を間違えた場合は，そのスライドから修正できる。
③ wmv（動画）に変換する。
パワポが見られない学生向けに。スマートフォンなどでも見られるよう mp4 ファイルも作ったが，小さい画面で見るとわかりにくく，またダウンロードできないこともあったので中止した。
④「島根大学 Moodle」サイトの「英語学講義I」のフォルダにアップロードする。
パワポと動画の両方のファイルをアップし，学生にメールで通知する。
⑤対面授業の日までに学生がログインし視聴したかチェックする。
何時間ログインしたはわからないが，最後にログアウトした時間は教員側から見える。学生には，視聴していないと対面授業は受けられず，別室で視聴させると通知している。
⑥対面授業の日に解かせる「復習問題」を作成する。
⑦次回反転用のパワポファイルを作成・印刷する。
対面授業のとき，次回のハンドアウトを渡す。学生が事前学習をするときに利用する。また，対面授業で復習問題を解くときに参照する。

図8-2 反転授業の流れ（1）

●学生がすること
●事前学習
①パワポのファイル（音声付きスライドショー）を視聴する。（10-15分）
基本的に，生成文法の教科書にそった解説。
事前に渡しているスライドのプリントアウト資料をメモなどに使う。
※ネット環境があればどこでも視聴可能。ただし，スマートフォンなどでは画面が見にくいので，なるべくパソコンで見る。
②練習問題を解く。
一つのファイルにつき，練習問題のスライドが1-2枚入っている。視聴した学習内容に基づいて例文を分析する。練習問題は提出しなくてよい。

⬇

●対面授業
①復習問題に解答する。
授業時間内であれば，いつ来てもよい。問題ができたら帰ってよい。質問があれば教員や友だちに聞いてもよい。
②ボーナス問題に解答する。（任意）
学んだ内容をふまえた応用問題。解答できたらボーナス点が加算される。

●対面授業で教員がすること
①学生のでき具合をチェックしながら，適宜助言し，質問に答える。
②視聴してこなかった学生がいたら，別室で視聴させ，復習問題は後日提出させる。実際には，自宅ネット環境の不具合で視聴できなかった学生1名（2回）に対応したのみ。

図8-3　反転授業の流れ（2）

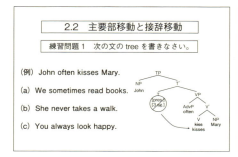 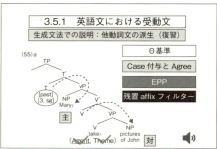

図8-4　反転授業で使ったスライドの一部

4　学生の様子

　授業が反転になってからすぐに気づいたことは，それまで理解の遅かった学生がかなりよく問題を解けるようになったことである。練習問題，復習問題と解く問題が増えたことで，学んだことが定着するようになったのであろう。また，それまでおとなしかった学生のグループが，対面授業のときにはお互いに相談しながら問題を解こうとしたり，教員に気軽に質問してきたりなど，やや積極性が出てきた。

　また，学生がつまずきやすいトピックでも，この年はそれほど困らなかった。例年だと授業の終盤になり少し変わった構文が出てくると学生が混乱してしまい，それまで分析できていた構文までできなくなるということがあった。しかしこの年はそういうトピックでもスムーズに学習していった。ときどき間違えても，「練習問題＊＊やパワポのスライド＊＊を見直してみなさい」とこちらが言うと，それを見ながら自分で修正できた。

　理解の遅い学生はこのように学びの姿勢も理解度もよくなったのだが，一方できる学生は淡々と作業をこなすのが目立った。遅く来てさっさと問題を解き，苦労している他の学生を気にかけることもなく一人帰る，という感じである。できる学生の達成感を上げるため，教育開発センターの先生などからアドバイスをもらい，途中からは復習問題に加えて「ボーナス問題」を出すことにした。学んだことを応用して取り組む問題で，やってもやらなくてもよいし，グループで解答してもよい，できたらボーナス点を出す，というものである。このボーナス問題は少なくとも最初の数回は効果的だった。学生たちはグループであれこれ話をしながら取り組み，ずいぶん盛り上がっていた。ただ，数回をすぎると通常の復習問題と同じく「全員が解答する問題」扱いになり，盛り上がりが欠けていった印象がある。学生からの質問に対し，私がヒント（ほとんど答え）を与えすぎてしまったせいかもしれない。せっかくの難問なのだから，もう少し試行錯誤させればよかったと反省している。

　なお，学生の多くは対面授業の前日か当日にログインしており，授業の直前に勉強していた。何人かに聞いてみると，動画は1度流して見るだけで，何度も見返すことはしていないようだった。ファイルを小分けにして，小さいトピックが終わるごとに練習問題を付けていたので，動画の説明でわからないところがあっても問題を解いているうちにわかったのかもしれない。練習問題の提出はさせていないが，ちゃんと解いてきているようだった。

　よくわからないのは，3回ずつの反転授業のセッションを2度行ったのだが，2

度目は学生に中だるみ感がみられたことである。それほどできるわけでもない学生が遅く来たり，見直すための資料（ハンドアウトや自分が解いた練習問題）を持参していなかったり，すぐに友だちや教員に頼ったり，ということがちらほら出てきた。一度通常授業に戻すと反転が面倒くさくなるのか，反転の「パターン」が読めると手を抜くようになるのか，理解度が上がるとできる学生のまねをしたくなるのか，単に暑い時期だったからか，原因はよくわからない。

5 反転授業の効果

● 5-1 成　績

　反転授業により成績が上がるのかどうかを確かめるため，2014年度と2013年度の期末試験の成績を比べてみた。2014年度の授業内容は2013年度とほぼ同じで，6回分を反転にしたことだけが異なる。比較のため，2013年度とほぼ同じ問題を出した。分析する例文は変えたが，設問の形式は同じである。なお，私は試験問題をすべて回収しているので，前年度の問題が学生に流れることはない。

　採点後，個人名がわからないように結果をデータ化した後，当時本学におられた本田周二先生に分析をお願いした。詳しくは本田先生の章（本書『理論編』02）にあるので割愛するが，反転の効果はたしかにみられた。「できない学生」の層が底上げされたことが大きな原因であると思われる。

● 5-2 学生の姿勢

　成績にみられるように，反転授業は理解の遅れがちな学生には効果が高いと思われる。まず，それまで解けなかった問題が自力で解けるようになった。わからないときも，「どこがわからないのか」「どう質問したらよいか」はわかるので教員や友だちに質問するようになった。

　2014年度は，毎年数名いる「ドロップアウト」がなかったことも特徴的であった。これも下位グループの学生の成績向上と関係があるだろう。

　反転授業を取り入れた大きな理由は，理解の遅れがちな学生の理解度を上げること，すでに理解できている学生が不必要な復習につき合わなくてよいようにすることだったから，取りあえず狙いは達成できたといえる。

　おもしろいのは，受講した学生の多くが後期の演習にも来てくれたことである。例年は上位グループの学生の一部が演習の受講生になるのだが，前期の講義で自信

をもったため後期の演習もがんばってみる気になったのかもしれない。しかし，演習は今までどおりの授業だったから，そのギャップに戸惑った学生が多かったようである。英語学ゼミの学生増にはつながらなかった。演習へのつなげ方を今後考える必要があるかもしれない。

6　課　題

今回の授業は，反転授業のことをほとんど知らないまま，「何かおもしろそう」というノリだけで実践してみたものである。反転授業の理念や他の先生方の実践を知るにつけ，「もっと学生主体の対面授業にした方がよかったかな」という気持ちと，「この授業は基本をきちんと押さえるのが目標だからこれでいいんだ」という気持ちがせめぎあって，これからどうするかまだ決めかねている。

今後は次の点が課題になるだろう。

●授業の「ライブ感」をどうやって出すか？
事前学習のために作ったパワポ（動画）を自分で見ても，淡々と解説しているだけで一本調子に感じる。もっと活き活きと感情を込めて話せばいいのだが，性格上難しいので別の方法を考えたい。たとえば，私がパワポを使って普通に授業しているところをビデオに撮るという可能性を教えてもらった。教員の顔や体の動きが見える方が「ライブ感」が出るようだ。しかし顔出しもできれば避けたい……。島根大学で同じく反転授業をしている先生方にも同じ悩みがあるようなので，情報交換しながら改善策を探ることにしたい。

●事前学習と対面授業で同じような問題ばかり解かせるのはよいのか？
事前学習のパワポでは，教科書の内容を踏まえた応用問題（英語以外の言語にも同じ分析があてはまるか？ のような）も扱い，解説した。この部分は，解説でなく「宿題」にして，対面授業で学生にディスカッションさせるなど，少しアクティブにすることができるかもしれない。

●後期の演習との兼ね合いをどうするか？
前期の講義で自信をつけて，後期の演習を受ける学生が増えることは喜ばしいことである。しかし，多くの学生は演習とのギャップにショックを受けておとなし

> くなってしまった。講義と演習のつなげ方を考えた方がよいだろう。
>
> ●できる学生にさらなる達成感を与えるには？
> 成績上位グループの学生は英語学ゼミに入ってくる可能性が高い。しかし，授業がよくわかっても「退屈だ」「つまらない」と感じるようでは英語学ゼミを選んでくれないだろう。彼（女）らが達成感を抱けるような工夫が必要である。

7 おわりに

　この講義を担当して以来，授業改善……というよりは試行錯誤を続けてきた。努力するのはもちろん，生成文法理論を学ぶことが学生にとって有益であると信じているからである。しかし，正直にいえばそれだけではない。生成文法の研究者が，それを教えられるポジションに就けることはそれほど多くない。幸運な少数者にはそのおもしろさを伝え広める責務がある。そのためには多くの学生にとって「とっつきのよい」授業を作ることが必要である。まだ悩んでばかりの段階ではあるが，反転授業は一つの有望なオプションであると感じている。

【引用・参考文献】
寺田　寛（2013）．「第3章　A移動」田中智之［編］『統語論』朝倉書店，pp.56-79.

09 「大学で学ぶ教養古典」における反転授業

文学教育でアクティブラーニングを
行うことの可能性

七田麻美子

1 はじめに

　大学における文学の授業で求められること，文学の授業が果たすべき役割については議論すべき点が多く，実際に様々な研究もあり見解が示されている。しかしそもそも，「文学」が一体何を表しているのか，これについて共通の認識ができていないというのも一方ではある。鈴木（2005）が指摘するように，文学という語には広義の「文学」と狭義の「文学」があるが，現代では一般に，人文学を意味する広義の「文学」よりも言語芸術を意味する狭義の「文学」の方が通用していると考えられる。初等・中等教育の国語教育における「文学」の取り扱いもこの狭義の「文学」観によるもので，こちらに比重が置かれているといってよいだろう。

　一方，大学の人文系学部でいうところの「文学」については，その定義がもう少し幅広く，研究者の研究対象とするものということであれば，さらに多岐に亘っている。このように大学で扱われている「文学」は多面的であるが，人文系学部以外の学生は，文学関係科目を自ら進んで取らない限り，広義の「文学」に関する教育を受けない可能性もある。狭義の「文学」である言語芸術作品に親しまない学生は，特に大学で文学の授業を取りたいと思わないだろう。「文学」を好む学生は，従来の自己の文学観の延長で文学を学び，「文学」を好まない学生は従来の自己の文学観によって文学を学ぶことを拒否するという構造である。

　狭義のものであれ広義のものであれ，文学を学ぶ意義は大きいが，それを卑小化することはできる。たとえば「文学不要論」といったものはそれにあたる。これに対する反論は多数あるが，ここはそれを議論する場ではないのでひとまず措く。ただ現状として，たとえ文学を好む者であっても，学生自体が文学を学ぶことを高尚

な趣味のようなものとして捉える傾向の中で、文学の授業はもっとさまざまな可能性があるのではないかということを、授業者は模索してもよいと思う。本章は、こうした動機から、文学の多面性をそのまま授業にするために、授業にアクティブラーニングを取り入れるにはどのような方法があるかということを検討した結果の実践報告である。

　ここでのアクティブラーニングの定義は、溝上（2014）による「一方向的な知識伝達型講義を聴くという（受動的）学習を乗り越える意味での、あらゆる能動的な学習のこと。能動的な学習には、書く・話す・発表するなどの活動への関与と、そこで生じる認知プロセスの外化を伴う」をもってした。これに寄せていうのであれば、この授業は特に認知プロセスの外化の部分をどうしたらよいかに重点をおいて設計したものである。

2 授業の概要

　対象とした授業「大学で学ぶ教養古典」は地方国立大学の教養科目である。今回報告する実践は2013年度後期に集中講義として行ったもので、対象者は全学部全学年とした。当該年度の受講者は12名、内訳は文系学部生8名・理系学部生4名、男子5名・女子7名、1年次生7名・2年次生2名・3年次以上3名である。

　授業は日本の古典文学作品を対象としたもので、特に、多くの学生が大学入学以前にもなんらかの形で触れる作品を取り上げた。これらを大学生として読み直すということから上記のようなタイトルを付した。

　本授業で目標としたものは、受講者の各人が持っている古典文学を読むことの方法を再構築することであった。そこでシラバスの授業目標を、「文学に関する豊かな先行の研究史を踏まえ、古典文学を自らの手で丁寧に読解することから、批判的な思考法や、多元的なものの見方を身につけることを目的とする」とした。個別の達成目標は、「①先行研究を踏まえ、正確にテキストに当たることを通して多様な視点で文学作品の読解を行うことで、固定観念にとらわれず積極的に知的探求を行う基礎を身につける（態度）。②テキストの批判的読解、比較文学的読解方法の姿勢を身につける（技能）。③文学史、文学研究史、古典文法の知識、文学作品の受容について、概要を説明できる（知識）」の3点を挙げた。

　一方授業内容の上で、シラバスに載せなかったテーマがあった。それは授業全体を通して「文学」というものに対する固定観念を払拭するというものである。「文

学」を高尚な言語芸術として捉え，鑑賞の対象とするのではなく，分析と考察を加える対象として見ることで初めてできる読解を体験し，文学に対する新たなモチベーションを喚起し，自らより深い思索をするきっかけになることを目指したのである。

3 反転を導入しようとしたきっかけや動機

　古典文学の授業に反転授業を導入しようと思ったのは，古典文学の読解に最も必要かつ重要な部分である本文の詳解が，古典文学から多くの読者を遠ざけているという現状に対する問題意識からである。詳解をすればもっと古典文学作品がおもしろくなるという授業をすることで，こうした問題に対応しようと考えたのである。

　しかし，古典文学の詳解は古典語彙や文法に習熟していないとできない。学習指導要領などによって規定されているため，程度の差はあれ高等学校までの間にこれらの知識は教授されているのであるが，学習者が個人的に古典作品を原文で読むという活動は難しく，場合によっては，大学の文学部で日本文学を学ぶ学生であっても注釈本を使って古典文学に接するということもある。

　大学の教養課程の授業で文章の詳解を行うにあたって，まず問題なのが，学生のレディネスの違いである。たとえば，今回対象とした授業は文系・理系の学生がおり，学年もさまざまである。国立大学でありセンター入試を経て入学しているため，基本的に受講生は高等学校までに国語科の古典科目の授業を受け，受験勉強をしてきていると考えられるが，実際には古典科目が得意な学生ばかりではなかった。こうした基礎的な知識にばらつきがある学生に，一斉授業の形で一語一句の文法的・語彙的な解説を行う授業を行うことは，ターゲットを絞り込むことができず，散漫でときに退屈な授業となる。できる学生には既存知識の確認にしかならず，できない学生には文法知識の注入をするだけの苦痛な授業ということである。また，詳細な文法解説は時間がかかり，授業の殆どを解釈の講義で終わらせることになる。詳解をした上で，さらに高次の課題に取り組むような授業を行いたい場合，時間のロスともいえる。こうした問題を解決するためには，文章読解の部分を事前学習として反転授業にし，各自のレベル・ペースに合わせて学べるような授業設計で，一斉授業では行えない細密で丁寧な解説を動画などで学習することにすればよいと考えたのである。

4 反転授業の方法

　授業はガイダンス1コマと1日各5コマ×3日（月1回）で構成された集中講義型の授業である。1日目は『源氏物語』の「若紫」「須磨」巻を対象とした「本文の詳細な検討による文学研究」、2日目は『日本書紀』『古事記』『風土記』のスサノオノミコト関連の記述を対象とした「異なる文脈のテキスト間比較による文学研究」、3日目はヤマタノオロチ伝説を対象とした「テキストと語りの比較」をテーマとした。

　ここではこの中から、1日目の授業の前半で行った「須磨」の一節を対象とした授業の実践について解説する。

　まず事前学習は、課題をそれぞれ1ヶ月前に提示し、それを授業日までに行ってくるというもので、5コマ分の対面授業に対し1つの学習課題がセットになっている。対面の授業では事前学習の課題を行ってあることが前提のグループワークなどを行う。事前学習で行うのは対面授業で取り上げる本文の読解である。1日目は「若紫」「須磨」巻それぞれの一部分を事前課題として提示した。

　「須磨」巻で対象とした本文は以下の部分である。

> 　帥の宮、三位の中将などおはしたり。対面したまはむとて、御直衣などたてまつる。「位なき人は」とて、無紋の直衣、なかなかいとなつかしきを着たまひてうちやつれたまへる、いとめでたし。御鬢かきたまふとて、鏡台に寄りたまへるに、面痩せたまへる影の、われながらいとあてにきよらなれば、「こよなうこそ、おとろへにけれ。この影のやうにや痩せてはべる。あはれなるわざかな」とのたまへば、女君、涙を一目うけて見おこせたまへる、いと忍びがたし。
> 　　身はかくてさすらへぬとも君があたり去らぬ鏡の影は離れじ
> 　と聞こえたまへば、
> 　　別れても影だにとまるものならば鏡を見てもなぐさめてまし
> 　柱隠れにゐ隠れて、涙をまぎらはしたまへるさま、なほここら見るなかにたぐひなかりけりと、おぼし知らるる人の御ありさまなり。親王は、あはれなる御物語聞こえたまひて、暮るるほどに帰りたまひぬ。（紫式部／石田・清水, 1977 : 212-213)

　該当箇所は教科書などに採用されておらず、ほとんどの学生が初めて読むとこ

ろだと考えられる。この部分を授業で取り上げたのは，基本的に受講者は初見のこの部分を自力で読むことになるということと，この部分が本文系統によって内容が異なるということによる。先に挙げた本文は大島本と呼ばれる本からの本文で，これは一般に青表紙本系統と呼ばれる本文である。これと異なる系統の，河内本系統，別本系統の本文では，細部にわたって異同が多く，本によっては特に最後の部分に比較的大きな差がある。以下にその部分を挙げる。

> 別れても影だにとまるものならば鏡を見てもなぐさめてまし
> 言ふともなくまぎらはして，柱隠れに添ひ伏して，後ろ向きて泣きたまへるさま，なをここら見る世の中にたぐひなくもありける人の御さまかなとぞ，まもられたまふ。(紫式部／名古屋市蓬左文庫，2011：345。句読点，漢字仮名の直しは筆者による)

　この本文は尾州家本と呼ばれるもので，本文研究によって大島本の本文とは異なる，河内本系統のものと考えられている（立石，1934；岡嶌，2008）。
　この部分は主人公光源氏が須磨に下ることになる直前，自邸である二条院で妻の紫の上とともにいる場面であり，傍線部は紫の上の行動である。大島本とこの本文の一番の違いは，大島本では「涙をまぎらはしたまへるさま」と涙を流していない紫の上が，こちらでは「後ろ向きて泣」いているというところにある。最愛の人と二度と会えなくなるかもしれないという場面での女主人公の行動として，この異なる二つの本文の違いは，非常に興味深い議論の対象になるといえる。授業ではこの点に注目し，この異なる本文それぞれ自ら読解することを通して自分なりに評価し，他者との議論を通してさらに深く意味を考えるという体験をさせたいと考えた。
　これに対して必須となる活動が，一字一句を疎かにしない詳解である。先述の通り古典文学作品は，ややもすると注釈本などの現代語訳を読むことによって物語に触れ，古典語で書かれた本文を丁寧に読まず内容を掴むことになることがある。そうしたストーリーを追う読書的な読みではなく，本文を詳解することで初めてわかるのが，こうした微妙な言葉の差異に基づく物語の展開である。このために，事前学習では本文を一文ずつに区切ったワークシートを配布し，現代語訳をするように指示した。
　事前学習に際しては，eラーニングによる読解の講義を用意した。これを課題を指示すると同時に視聴できるようにしたが，視聴の義務はなく，もし個人で訳すこ

とができる場合は、視聴しなくともよいとし、あくまで現代語訳のワークシートを完成させることを目的とした。ワークシートの指示文に文法の確認と直訳を条件として提示しため、古文読解の苦手な学生は一人でこの課題を行うのは難しいと思われ、わからない場合にeラーニングの講義を受けるようになるという形である。

一方で、課題で提示した青表紙本系統本文は、本ごとに漢字仮名遣いなどに微細な差はあるが、現存するほとんどの注釈書などで採用されている本文であるため、現代語訳が流布しており、それを参考にして訳すこともできる。この場合、もし丸写しをする場合でも、ワークシートが一文ずつに区切ってあるため、本文と丁寧な対照をしないと課題は完成しない。この方法を取る学生が最も簡便に課題を済ませることになるが、本文を詳細に区切って読む作業だけはしていることになり、十分とはいえないものの対面授業に際して必要最低限の準備はしていることになる。事前学習に関しては、課題を行わずに対面授業に出てくる受講者の存在が危惧されるため、学生のモチベーションに合わせて、何段階かの取り組み方ができるような方法を採用したのである。

こうした事前学習による準備を経て、対面授業ではグループワークを中心とした読みの活動を行う。グループは当日こちらで指示したもので、受講者12名を3人1組の計4組に分け、できるだけ文理・学年・男女が混在するような構成を取った。授業は大学図書館内のラーニングコモンズ内で行い、机をいわゆる島形式に組んで、グループでの活動を基本とする教室配置をした。

授業の流れは以下の通りである。

①最初に10分程度の時間をとって、各人に「物語」とは何かということを簡単に書かせる。これは、この授業の最後にももう一度書かせるものであるが、授業を通して従来もっていた「文学」や「物語」に対する固定的な観念を覆す体験をしてもらいたいというこの授業のテーマを可視化するためのものである。なお、この場合の「物語」はいわゆる「作り物語」「物語文学」のことを指し、「創作する物語」（藤井, 2001）のことであることを、授業の中で口頭で説明し定義している。

②続いて『源氏物語』の概説的講義を行う。特に対象本文までのあらすじを確認し、女主人公の心の動きを評価するための材料を与えることとした。

③その後グループでの活動に入る。最初の活動は事前課題の確認である。この際、グループで参考になる書籍を探しに行くことを許可した。図書館内のラーニングコモンズで行っている授業であるから本を探しに行くのは容易であるが、いつも文学

> ●事前学習：本文の読解の指示
> 事前課題として授業で取り上げる本文を提示してその現代語訳を指示。事前課題はワークシートの形で各自に配布し，本文を一文ずつ区切りその横に空欄を設け，そこに現代語訳を書き込む。現代語訳に関しては①何を参考にしてもよいということ，②単語の意味と文法に気をつけることを条件とした。
> 事前学習の指示は授業の1ヶ月前に行い，それと同時に本文の詳解を行っている解説動画をLMS上に公開。ただし，動画の視聴は必須とはせず，あくまでワークシートの完成のみを事前課題とし，自分で読解できない場合に視聴することを推奨する形とした。

> ●対面授業
> ①講義（『源氏物語』概説）
> 『源氏物語』の文学史的な解説と，特に当日取り上げる「若紫」「須磨」までのあらすじを講義する。
> ②グループワーク（事前課題の確認）
> 3人1組体制で，各自の現代語訳の確認をし，資料などを用いて各自の訳の誤りなどを正す。
> ③グループワーク（対象本文の異文の解釈）
> 事前課題と異なる本文系統の同箇所を配布し，その場でグループで現代語訳を完成させる。
> ④グループワーク（二系統本文の比較・評価）
> 話し合いによって，二つの本文の内容の比較を行い，グループとしてどちらをより好ましいと思うかの評価を考える。
> ⑤ジグソー法
> 各グループから1名ずつがそれぞれ代表となってジグソー活動を行う。各グループの評価を話し合い，他グループの評価をそれぞれまとめる。
> ⑥グループワーク（他グループの意見を参考に評価の決定）
> もとのグループに戻り，それぞれが聞いてきた本文評価とそれに対してどう思ったかを話し合い，最終的にグループ内での本文の評価を決定する。
> ⑦講義（本文異同・異本について）
> 「物語」の成立に関する概念を伝本研究の概略とともに講義する。
> ⑧個人ワーク（「物語」および「作者」についての考察）
> グループワークと講義で学んだことを踏まえて，「物語」および物語の作者についてそれぞれ考えたことをまとめる。

図9-1　反転授業の流れ

系の本を利用していない学生は，どこにあるか戸惑うことになる。このとき，文系学部学生や上級学年の学生が率先して指示することで，チームとしての役割などを意識することになり，グループ形成ができていた。

　④それぞれの訳をすり合わせて，個々にワークシート上に再度訳を書いてから，次に異本の本文の訳を行う。これもグループワークである。ここで提示したのは河

内本系本文であり，既存の注釈書などにはこの本文を用いた訳はない。そのため異同の部分に注意を払いながら，自分たちで細かく訳していかないといけない。これを短時間で個別に行うことは難しいため，グループで相談しながら訳すことにした。

⑤出来上がった訳を各個ワークシートに書き留め，グループで二つの本文をどこがどのように異なるか，どのように効果が変わるかを話し合わせる。途中教員の方から，グループの統一的見解として「どちらが好きか」という評価をつけ，なぜそのように結論したかをまとめるように指示する。これをもって，次のジグソー活動に入るための準備とする。

⑥ジグソー活動では，各グループから1人ずつ分かれてチームを組み直し，4人1組でそれぞれのグループで判断した二つの異本の評価を説明し合い，それをメモする。ジグソーで他のグループの評価を聞いた上で，元のグループに戻り，それぞれが聞いてきた他のグループの評価について簡単に確認し合い，それらを踏まえて再度グループでの最終的な評価を決める。

ここまでをグループワーク主体で行い，他者に説明すること，他者の意見を聞くこと，それらを書き留め，またそれに基づき考えるということを繰り返すことで，「認知プロセスの外化」を行うことを目指した。⑦この後，再度講義を行い，なぜ異本が生じるのか，物語が伝承するということはどういうことなのか，現在読まれている古典文学の「作家」とは何をいうのかなど，古典文学の研究において基礎的な考え方・知識を説明した。その上で，⑧最初と同じように「物語」とはどういうものかを考える個人ワークを行わせた。ここまでで，おおよそ3コマ分の時間となる。

5　反転の効果と課題

反転授業を取り入れた手応えとしては，対面のアクティブラーニングが一通り問題なく行われ，当初目標としていた「文学自らの手で丁寧に読解すること」「批判的な思考法や，多元的なものの見方」を知るということを，体験させることができたという意味で成功だったと考えている。ただし，これがよく咀嚼され，理解され，身についたかについては議論の余地がある。受講者は，熱心にグループワークに取り組んでおり，全体を通して考えさせた「物語」についても，自己の常識・固定観念を対象化し，授業を通じて学んだことを踏まえた結論に達していた。しかし，今後同じように常に問題意識をもって自己の常識に対峙できるかという点では，課題発見の能力を涵養するまでには至っていないといえる。これは，意識の問題もさる

ことながら，今回の授業においては，技術的に，教員のファシリテートがあって初めてできたことであったからである。

　一方当初，反転授業を行うにあたって懸念していた部分については，予想よりも問題は起きなかった。一番の懸念だったのは，事前学習を行って来ない学生をどうするかということである。事前課題に関しては，当日朝行ったという学生も含めて全員が一応授業前までに完成させてきていた。先に示したように事前課題にはeラーニングでの学習を必須としなかったため，視聴した学生は2名であった。自分だけで辞書などを見て訳した学生が2名，残りが注釈書などを参考にしたということであった。この事前学習の取り組み方は，学年や文理での偏りは特になかった。対面授業にあたっては，一応全員が現代語訳を行っていたので滞りなく活動に入り，事前課題への取り組み方の差も，グループ活動において影響を与えているようではなかった。

　また，次の回のための事前学習に対して，学習行動に変化があった。1回目において2名だったeラーニング授業の視聴者が，2回目には6人に上がり，各人の視聴時間も延びていた。これは学習へのモチベーションが上ったという側面もあったと思われるが，1回目の授業で現代語訳を丁寧に行わなかった学生が，対面授業において相応の困難を感じたということがあったからだと思われる。実際に，授業後に学生に感想を聞いた際，「ちゃんと（事前学習を）やってこないと（周りに付いてくのが）厳しかった」ということを言っていた。

　当初の懸念として第二に考えていたのは，グループ学習に苦手意識をもつ学生がいないかであったが，それに関しても大きな問題はなかった。受講者には文理の学生がおり，文系の学生に関しても，人文学系と社会学系の学生がいた。その中に古典文学を専攻する学生はおらず，文学に関しては，大変好んでいるという学生は1人だけであった。そうした意味で，抜きん出ていた学生がいなかったこともあり，グループの中のバランスは良かった。友人同士で履修していた学生もいたが，それらを別のグループに分けたこともあり，一定の緊張感も保てていた。

　さまざまな活動を組み合わせて，文学作品の内容に関して評価を行わせたのであるが，グループ内での議論は活発であった。最初は特に根拠なく好みを述べていたグループもあったが，説明を加えていくことで，ただの感覚ではなく，文章の意味を踏まえて作品としての位置づけから考えるということが行われていた。これは，他者に話し，他者の意見を聞き，質疑を応酬し，書き留め，説明するという行動を繰り返すことで徐々に形づくられていっていたようにみえた。こうした活動によって，曖昧な感覚でしかないはずの「好き」という価値判断が，文章の詳査による相

応の基準での評価になっていったといえるだろう。ただし，もとより二つの異本の優劣をごく限られた一部で行うことはできるわけもなかったが，一部に誤解が生じかけた場面もあり，反省をする必要がある。これは，感情的な議論から始めることの弊害だと考えられ，授業の設計の中で解消すべき点だと思われる。

6 おわりに

　文学の授業，特に古典文学を対象とした授業にアクティブラーニングを導入する際，対象とするテキストをどのような形で読ませるのかという課題を，反転授業を取り入れることで解決できるのではないか，という示唆を得られた取り組みであったが，受講生がさらに多くなった場合，またはもっとレディネスにばらつきがあった場合など，今回のような順調な授業にならない場合も考えらえる。また，今回は本文異同の状況に基づき本文を読み解き，「物語」そのものを考えるという授業であったが，それ以外の研究的課題・方法論をどのように授業に取り入れるかなど課題も多い。　これらは今後の取り組みの中で試行錯誤していくべき部分であるが，授業する立場としては，作品の一語一語に対して，それほど時間を気にすることなく，丁寧かつ詳細に解説できることは大変魅力的であった。事前学習にeラーニングを用いる場合の視聴率の問題などを，対面授業での指導や活動を通した授業全体の構造で補えるならば，未注釈の古典文学作品の授業などにも応用でき，古典文学の授業の可能性を広げるものと思われる。

【引用・参考文献】
岡嶌偉久子（2008）．「尾州家河内本源氏物語の書誌学的考察―鎌倉期本文の成立」横井
　　孝・久下裕利［編］『源氏物語の新研究―本文と表現を考える』新典社，pp.85-127.
鈴木貞美（2005）．『日本の文化ナショナリズム』平凡社，pp.122-125.
立石百合子（1934）．「旧尾州家蔵河内本源氏物語に就いて」『国語国文』4(4)，68-78.
藤井貞和（2001）．『平安物語叙述論』東京大学出版会
溝上慎一（2014）．『アクティブラーニングと教授パラダイムの転換』東信堂
紫式部／石田穣二・清水好子（1977）．『新潮日本古典集成　源氏物語』(2) 新潮社
紫式部／名古屋市蓬左文庫［監修］（2011）．『尾州家河内本源氏物語』第2巻八木書店

10 「教育統計学」における反転授業

文系学生に対する統計教育

杉澤武俊

1 はじめに

　心理学を専攻する学部・学科で統計学の授業が必修もしくはそれに準じる扱いになっている大学は多い。しかし，心理学専攻の学生の中には，根っからの文系人間で（と，本人が思っていて）統計学に苦手意識を感じてしまう人も少なくない。そのような状況の中で，統計学の授業に対する学生のモチベーションをいかにして高め，かつ，その後の学習や卒業研究などで統計学を活用できるだけの知識と技能を効果的に身につけさせるかということは，筆者の中で常に頭を悩ませている課題となっている。これまでも毎年少しずつ授業の内容や方法を変えて試行錯誤してきたが，思い切って反転授業に切り替えてみた。本章執筆時点では，まだ切り替え後最初の学期を終えたばかりで，改善の余地は多々あるが，現状を報告したい。

2 授業の概要

　本章で取り上げる「教育統計学」の授業は，教育学部の教員養成課程で教育心理学を専攻する学生にとって必修科目となっているほか，同じく教育学部で教員免許取得を卒業要件としないゼロ免課程の中で，生涯学習を専攻する学生にとって選択必修科目として位置づけられている。生涯学習専攻の学生は最終的に心理学系，教育学系，社会学系のいずれかのゼミに分かれる。心理学系ゼミへの配属を希望する学生に対しては実質的に必修と履修指導しているが，それ以外のゼミを希望し研究上特に統計学を必要としない学生であっても，多くの学生が履修する科目となっている。受講生は毎年およそ70人から80人程度，そのうち6–7割は学部2年生で，

残りの大半は3年生である。4年生や大学院生，外国人の研究生が聴講することもある。

この授業では，中学数学程度の知識を前提として，統計学の基礎を学習する。具体的な内容としては，記述統計をメインとしつつ，後半に推測統計のうち，点推定に関する基本的な理論も扱う。達成目標として，これらの統計手法が用いられている研究論文などを読んだときに具体的にどのようなことがなされているのかをイメージできること，さらに自身の卒業研究などでデータを扱う際に，適切な手法を選択し，結果の妥当な解釈ができるようになることを掲げている。単なる計算手続きの習得というよりは，概念や原理，各手法の性質についての理解を重視したいと考えている。

3 反転を導入しようとしたきっかけや動機

● 3-1 これまでの授業の方法

反転授業を導入する前の授業の流れを，後に述べる反転授業の流れと対比できるよう，「事前学習」「対面授業」「復習」の3段階に分けて示す。

1) 事前学習

この授業では内容に準拠した参考書は紹介するものの，教科書は使わず，また，自習可能な資料を事前に配付することもないため，授業前に自発的に予習を行うことはまず無理と思われる。ただし，既習事項の知識だけを使って，次回の内容に関わるような問題を宿題として課すことはあった。

2) 対面授業

(1) 宿題の答合わせ（約10分）

講義に入る前に，宿題の解答・解説のプリントを配布し，各自でそれを読みながら答え合わせをしてもらう。以前は口頭で解説しながら一斉に実施していたのだが，時間がかかり効率が悪いので，この方式に落ち着いた。

(2) 講　義（約75分）

スライドは使用せず，黒板に板書しながら口頭で解説するという伝統的な講義のスタイルである。図表や数式，補足説明や発展的な関連事項などはプリントとしてその都度配布していた（1回の授業で2-8ページくらい）。

2-3回に1回（学期中に5回），講義の冒頭に15分で10問程度解く小テストを実施した。講義で内容に一区切りついたら，その2週間後にテストするというサイクルで，内容を忘れかけた頃に強制的に復習の機会を設けることで定着をはかる意図がある。解答終了後，すぐに回収して，その場で正解の発表と簡単な解説をした。配布開始から解説終了まで全体で30–40分程度である。

(3) 振り返り（約5分）

授業時間の最後に，「内容を理解できた」「板書は適切だった」など，受講生自身や講義のやり方を5段階で評定する質問10項目と，その日の授業で学んだポイント，質問を記入する欄を設けたリアクションペーパーを記入してもらう。質問については回答をプリントにまとめて次回の授業で配布する。

3) 復　習

毎回B4判1ページ程度の練習問題を配布し，次回までの宿題とする。内容は概ね各回の講義内容の復習として，語句の定義や手法の性質，計算や結果の解釈について問う基本的な問題が中心である。20–30分程度あれば終わるくらいの分量を想定している。また，先述の小テストを実施することでも，復習のペースメーカーとなっていたと思われる。

● 3-2　これまでの授業における課題と反転授業導入の動機

これまでの授業における課題として感じていたことはたくさんある。

まず，欠席者のサポートである。教員免許取得に必要な各種実習などが通常の授業期間中に行われることもあり，講義を欠席せざるを得ない受講生が出てくる。基本的に積み上げ式の内容なので，途中の内容が抜け落ちるとその後の内容の理解に大きな妨げとなる。欠席者へのサポートとして，筆者が設置したWebサーバ上に授業用のサポートサイトを作成し，授業で配布した資料のファイルをダウンロード可能な状態にしておくことで，欠席してもすぐに講義資料を入手できるようにはしていた。しかし，配布プリントはあくまで補助資料の位置づけなので，講義時にとったノートがなければ自習は困難である。

二つ目に，授業内容の硬直化である。卒業研究時に通常必要となる知識を体系的に一通り授業でカバーしようとすると，「教えるべき（と筆者が考えている）」内容が多くなってしまい，それらの解説を教員側のペースで一方的に進めるものとなってしまいがちである。学生にとっては，ひたすらノートをとる「作業感」あふれるも

のであり，筆者自身も毎年概ね決まった内容をひたすら板書して話すというマンネリ化したルーチンワークにうんざりしつつあった。

この硬直化に伴い，さまざまな問題が生じる。たとえば，質問の出やすい箇所の説明に時間を取り過ぎてしまい，キリのいいところまで詰め込むために講義時間の終わり近くになるとバタバタと猛スピードで進めてしまったり，予定していた内容が終わらずに，宿題のプリントに未習事項が多く含まれたりする（いずれも学生から不満の声が出てくる）こともしばしばあった。さらに，授業では扱わない手法も含めた統計の応用例などの「こぼれ話」の紹介や，さまざまな統計処理が可能な現実のデータを与えて，分析のアプローチ法や結果から何が読み取れるかを考えさせるような演習など，学生の興味関心を高めたり，実践的な問題解決能力を育成したりするような内容を取り入れたいと思いつつも，「教えるべき」ことで手一杯のため，それを実現する余裕がない状態であった。これらは単に筆者自身の授業スキルの低さや時間配分の甘さによるものではあるが，なかなか解決できない悩みの種となっていた。

これらの課題のうち，まず，欠席者のサポートについて，配付資料と一緒に講義を録音もしくは録画したものもサポートサイト上で公開してはどうかと考えた。この案を検討しているうちに，これで自習できるのであれば，最初から全員に「教えるべき」最低限の内容について録音または録画した講義で自習させることで，対面授業でこれまで盛り込めなかった演習などを導入でき，従来の授業の硬直化に伴う問題もほぼ解決できそうな気がしてきた（このときは「反転授業」の存在を知らなかった）。しかし，予習をしてきたことを前提とする，いかにも負担の大きそうな授業に対して学生がどのような反応をするのかが不安で，しばらく導入に踏み切れずにいたのだが，その後，この方式が「反転授業」と呼ばれて，実際に効果を上げている例もあるということを知り，試しに導入してみることにした。

4 反転授業の方法

4-1　1回の授業のデザイン

1）事前学習

まず予習用動画（5-17分程度，平均約12分）を視聴して，内容をノートにまとめ，最低限学ぶべき事項について学習する。アンケートから，予習に30-60分程度かかる人が多いが，最大で3時間かかる人もいるようである。

これまで動画作成の経験が全くなかったため，どんなソフトウエアを使うか，というところからいろいろと悩んだ。井上（2014）や松尾（2013）を参考にいろいろなソフトウエアや方法を比較検討した結果，新しいソフトウエアの購入や使用法の習得といった初期投資コストの不要な，PowerPoint2013のアドインのOffice Mixを利用して動画を作成することにした（Office Mixでできることや使い方については井上（2014）に詳しい解説がある）。これまで板書していた内容をほぼそのままスライドにし，自分の声によるナレーションのみを追加（顔は出さない）し，そのままOffice Mixのサイトに"Unlisted"（URLを知っていればログインせずに視聴可能）として動画をアップロードする。また，アップロードの際に"Enable playback on mobile devices"にチェックを入れるとmp4形式の動画ファイルをダウンロードできるので，念のためそれをYouTubeに"限定公開"としてアップロードしている。動画の配信は，これまでサポートサイトを置いていたWebサーバにMoodleをインストールし，そこにOffice MixとYouTubeの両方のリンクを貼っている。
　ここで，現時点で動画作成時に意識していることについてまとめておきたい。
　まず，極力無駄を省いて，時間が短くシンプルなものになるようにしている。通常の授業では，板書後にノートをとるための間を入れたり，口頭説明をメモするために繰り返し話したりすることがあるが，動画では，復習時に短時間で見返せるように間や繰り返しは入れない。「ノートをとるために停止や巻き戻しなどの操作を何度も行うと，集中できず話がわからなくなるので間を入れてほしい」という要望が学生から出たが，適正な長さの間には個人差があることも考えると，当面は今の方針で作成するつもりである。
　また，特定の対面授業での活動を前提にした内容の引用は行わずに，必要に応じて他の授業でも流用できる汎用性をもたせるようにしている。統計学は積み上げ式の内容なので，既習事項と関連させながらの説明がどうしても必要となるが，前提となる知識はこの授業以外で学んでも対応できるように配慮している。動画間でも可能な限り独立性をもたせたいと考えているが，一部，他の動画の内容に依存した解説がやむを得ず含まれることがある。
　動画視聴後に，Moodleの小テスト機能を使い，基本的な事項について用語の記述問題，○×問題，多肢選択問題，簡単な計算問題などからなる5問程度の確認問題に取り組む。これは動画をきちんと視聴したことを確認することが目的の数分で終わる課題で，じっくり考えるような問題は出題していない。

2) 対面授業

従来の授業と同様に，2-3回に1回程度，冒頭に小テストを実施する。

（1）補足説明（20-40分）

予習用の動画では，必要最小限の内容しか扱わないため，従来の配布資料とほぼ同じ内容をカバーするプリントを配布した上で，動画に盛り込めなかった内容について解説を行う。主に，学期の最初に受講生から集めたアンケートデータに対して，その回で扱う手法を適用した分析例や，発展的な事項などを扱うが，予習用動画に含まれた内容のうち，重要ポイントや難しい部分の補足説明をすることもある。

（2）問題演習（30-40分）

従来の授業で宿題として課していたプリントをほぼそのまま流用したワークシートに取り組む。ノートや配布資料を見ながら，まずは自分一人の力で取り組み，一通り最後まで解き終わったら，周囲の人と相談や教え合いをしてもらう。その間，適宜教室内を巡回して，個別の質問に対応できるようにしているが，学生から自発的に質問されることは非常に少ない。

当初の構想では，従来の宿題で課していたような基本的な問題はすべて予習時の確認問題に盛り込み，対面授業ではじっくりと考える必要のある，より実践的な内容をメインにするつもりだった。しかし，予習用の動画作成に予想以上の時間がかかってしまい，演習内容の吟味にまで手が回らなかったため，演習内容の見直しは2年目以降に段階的に行っていくことにした。

（3）答え合わせ・解説（10-30分）

口頭と板書により，ワークシートの解答の発表と解説を行う。印刷資料削減のため，従来配布していた解答・解説のプリントは授業内では配布せずに，授業終了後にMoodleにPDFファイルをアップロードし，必要な人や欠席者が入手して確認できるようにした。

3) 復習

特に復習用の課題は出さないが，従来通り小テストを実施して，復習のペースメーカーとなるようにしている。ノートやワークシートの解答・解説を読み直すほかに，動画の再視聴という選択肢が増えたため，学生にとっては以前よりも復習しやすい環境が整ったのではないだろうか。

●事前学習
①平均12分程度の動画の視聴
②動画の内容からノート作成
③5問程度の確認問題
動画をきちんと視聴したかを確認するための簡単な○×問題や語句の記述，多肢選択問題から構成。

↓

●対面授業
①小テスト（2-3回に1回，30分程度）
解答時間15分で，回収後すぐに解答発表と解説の実施
②補足解説（20-40分程度）
予習用動画では割愛した発展的事項や，実際のデータに手法を適用した例の紹介など。
③ワークシートによる問題演習（30-40分程度）
最初は自分一人の力で取り組み，一通り最後まで考えたら，周囲の人と相談や教え合い。
④解説（10-30分程度）
問題演習の解答と解説

↓

●復　　習
2-3週間後に実施される小テストに備えて，適宜動画の再視聴や，ワークシートの復習を各自で実施

図10-1　反転授業の流れ

5　反転の効果と課題

● 5-1　反転導入後の学生の様子

　反転授業の効果を検証する参考資料として，導入前後の2014年度と2015年度において同一の問題と手続きで実施した小テストの得点を比較してみる。5回のテストを全て受験した人（2014年度60名，2015年度58名）のデータのみを用いて，合計点の平均値を求めると，2014年は35.4点（標準偏差7.1），2015年は37.1点（標準偏差6.4）で，導入後に平均点が上昇し，得点のばらつきが減少していることがわかった。ただし，参考までに検定してみると，統計的に有意な平均点差ではない。また，導入後の平均点の変化は効果量換算で0.25，その95%信頼区間は -0.12–0.62 となる。年度間での基礎学力水準の違いなど他に考慮するべき要因はたくさんあるが，ほぼ同一の題材を用いて反転化した結果，理解度や定着度については，少なくとも大きく低下したということはないといえそうである。

　また，この「教育統計学」のほかに，発展的な多変量解析の理論と統計パッケー

ジRの分析実習を扱う授業で，約2/3を占める理論の部分も反転授業に切り替えた。この授業の受講者は全員「教育統計学」を従来方式で受けた学生で，筆者が担当する統計学の授業について従来方式と反転授業の両方を経験したことになる。その受講生に対して学期末にアンケートを実施したところ，回答者35名中，授業外での学習時間が従来方式に比べて「増えた」という回答が28名，また，授業外学習の主観的な「負担感が増えた」という回答が22名で，やはり学生にとって負担の大きい授業であることがわかる。しかし，その一方で，自由記述で「自分のペースでノートがとれる」「復習がしやすい」「主体的に学習できた」「動画を使った予習は新鮮」「従来方式より理解が深まった」「反転授業の方が良い」など，好意的なコメントが多くみられ，負担が大きい分，充実感が得られた学生も少なからずいたこともわかる。

● 5-2 やってみた感想

今回，新たに反転授業を導入するにあたり，動画教材を一から作成したこともあり，筆者自身にとっても予想以上に授業準備の負担が大きいものとなった。その代わり，対面授業時には従来のノルマに追われるような感覚がなくなり，精神的にかなりの柔軟性と余裕をもって授業を行えるようになった。

● 5-3 課題・改善点

今後の課題として最も大きなものは対面授業の充実，また，それに付随して，事前学習と対面授業で扱う内容の割り振りが挙げられる。導入初年度の今回は授業準備にかかるリソースをほぼ全て予習用動画作成に回して，それ以外は既存のものを流用したため，現状では従来の対面授業の内容の一部と宿題を単純に入れ替えただけのものとなってしまった。従来の宿題は対面授業のメインの内容としてそのまま置き換えるには，量・質とも不十分なものであり，学生同士で相談させる時間もあまり有効に活用されているとはいえない。授業内の課題と解答・解説が全てMoodleサイト上でダウンロードできることや，後半の難しい単元では授業冒頭の補足説明が動画内容の復習に比重がおかれることも多いことから，「授業に出席する意味がない」という趣旨のコメントが数名から挙がるなど，予習をしっかりとやって理解できた学生にとっては対面授業で新たに学べることが少ない，物足りない授業となってしまったようだ。事前学習時の確認問題に回せるものはそちらに回し，当初の構想通り，独学しにくい実践的な内容を取り入れるなど，適度な負荷の課題

を用意して学生の知的好奇心をうまく刺激する必要性を強く感じる。さらに，学生同士で話し合う時間がもっとほしいという要望も散見されるが，教員公認の私語の時間とならないよう，グループ編成をこちらで指定した上で，ジグソー法などのより本格的なグループ活動を実施するということなども考えられる。

　動画教材について学生のコメントによって気づかされた改善点として，アニメーションの使用とノイズ対策がある。スライド作成時，従来の板書と同様の感覚でアニメーションを使って順次内容を呈示するようにしていたのだが，一度に全て表示された方がノートをとる時間が短縮されてよいという指摘があった。内容を伏せておく必要ないものについては最初から全て表示させておき，音声解説の焦点が当たっている箇所を枠で囲むなどして，現在注目するべき箇所を強調した方が良いかもしれない。また，ノイズについて学生から指摘され，あらためてヘッドフォンで聴いてみると，確かに「サー」というホワイトノイズが気になった。試行錯誤の末，マイク（SONY の PCV80U）を直接 PC の USB 端子に接続せずに，Sound Blaster X-Fi Go! Pro などの外付けオーディオインターフェイスを介して接続し，さらに，Office Mix でマイクのボリュームを最大より少し小さめにしたところ，ノイズがほぼなくなった。

　その他，動画公開を早めること（対面授業の 2-3 日前になってしまうことが多い），動画中のグラフなど，手書きでノートに写しにくいものは補足資料としてダウンロードして動画視聴時に参照できるようにしたり，動画での口頭説明のスクリプトを公開したりするなど，学生に提供する資料の種類や提供のタイミングについて，細かく検討・改善していく必要もありそうである。

　また，反転授業にしたことで以前と比べてやりにくくなったことに，「対話的な導入」がある。従来の授業では，たとえば分散や標準偏差などの散布度を説明する前に，架空の二つの講義における受講者の成績について，それぞれの平均点だけ示してどちらの講義を取りたいと思うか挙手してもらった後，それぞれのヒストグラム（平均点の高い講義は得点の個人差が大きくて不合格となる人も多い）を示したうえで同様の質問をするといった導入を取り入れていた。この質問にはもちろん正解はないが，平均点だけを示したときと分布全体の情報を与えたときで異なる判断をする学生は多い。このようなやり取りをいくつか行うことを通して，（自分自身には当てはまらないかもしれないが）多くの人が直感的に行う判断に平均には表れない情報が影響するという実感を持ち，分布の散布度という概念の存在意義について考えることはそれなりに有効であると思われる。しかし，このような「正解のない問いに対

する周囲の人の反応」を利用した導入を一人で視聴する動画の中で実感を伴った形で取り入れるのは難しい。かといって，対面授業で扱う前の週の最後に導入だけ済ませても動画視聴までに間が空きすぎて記憶が薄れてしまうであろうし，動画視聴後の対面授業であらためてこのような導入を行うのもあまり効果的ではないように思われる。このような，動画視聴前に取り組んでおきたい活動を反転授業のサイクルの中でどう取り込んでいくのがよいか，今後試行錯誤していくことが必要である。

6 おわりに

準備不足で勇み足気味に反転授業を導入してしまった感もあり，まだまだ課題は山積しているが，工夫次第でいろいろなことができそうな可能性を秘めていることを実感した。導入のハードルは必ずしも低いとはいえないように思うが，将来的には他大学の教員と連携して動画や対面授業内での教材を共有するなど，個々の教員の負担を抑えつつ，この分野全体での教育の向上をはかっていけるような流れができるといいのではと考えている。

【引用・参考文献】
井上博樹（2014）.『反転授業実践マニュアル』海文堂
松尾和幸（2013）.『映像授業の収録方法例―教育サービスに映像授業を活用する（Ver1.01）』Kindle 電子書籍

11 フランス語初級文法クラスのプチ活性化

反転授業的活動の導入事例

岩根　久

1 はじめに

　初修外国語における初級文法のクラスで反転授業を実践するというのは、いささか「重たい」感じがするかもしれない。そもそも初めて学ぶ外国語の授業は「演習」の側面が大きく、教室での大半の時間は、受講者たちの教室外での学習を前提とした練習問題の答え合わせと解説に費やされる。教室での限られた時間での学習では、新たな外国語などとても身につくものではないからだ。さらに、ビデオ視聴などの反転授業的活動（本章では教室外での教材の視聴と教室内でのグループワークを反転授業的活動と呼ぶ）をそれに加味するとなれば、通常の教室外学習に加えてさらなる要求をすることになり、ここに躊躇があるわけだ。

　とはいっても、すべての学生が期待通りの教室外学習を行っているとは考えられない。中には、事前学習は全くせず、その結果、事前学習を前提としている教室での活動には参加できず、学習に失敗する受講者もいないわけではない。このような極端な例はともかく、教室外学習を行う時間やタイミングは、ほぼ受講者に委ねられているといってよい。なので、多少負担であっても物理的に、また精神的に過剰でなければ（このあたりの匙加減は現場とのコンタクトで判断する）、受講者自身がうまく調整してくれることを期待して、上に述べた「躊躇」を払拭した。

　報告者が授業に反転授業的活動の導入を試みたのは、後に述べるように計画的に行ったというよりも幸運な偶然によるものである。とはいえ、その導入の結果は、アンケートをみてもそれほど悪いものではなかったので安堵の息をついた。授業を活性化する方法として反転授業的活動の導入が必ずしもベストであるとは断言できないが、今回の事例では、このような何か新しい要素を取り入れることによって、

マンネリ化した自分自身の授業を多少は活性化できたのではないかと考えている。

2 授業の概要

反転授業的活動の導入を試行したのは，文学部・人間科学部対象の「フランス語初級Ⅱ」（受講者31名）の授業である。「フランス語初級Ⅱ」は1年次2学期に行われ，1学期の「フランス語初級Ⅰ」の授業を引き継ぐものであり（原則として受講者は同一），「フランス語の基礎的文法を習得し，辞書を用いれば基本的な構文による文章が理解できるようになること」を目的とし，「既に初級Ⅰで習得した基本語彙と構文に加えて非人称構文，代名動詞の用法，動詞の様々な時制，法などの基本的な仕組みと用法を習得し，フランス語の基礎的理解力をさらに高めること」を学習目標としている。

受講者31名の内訳は，文学部1年次生21名，人間科学部1年次生8名，他学部の再履修生2名。教室は横長の教室で，通常授業の際の座席はあらかじめ指定しており，グループ学習の際はグループごとにまとまるように移動させる（表11-1，表11-2）。

当該授業には，1名のティーチングアシスタント（TA）が入っている。TAの仕事は教材・小テスト・定期テストの配布，小テスト（自己採点）の回収と点数の記録などの作業を担当してもらっている。

反転授業的活動の導入は，2学期の9回目（12月12日）と10回目（12月19日）の授業で実施した。この2回の授業には，安部有紀子氏（大阪大学未来戦略機構）が授業観察に入って下さり，後日授業に関しての貴重な情報をいただいた。

反転授業的活動の導入の第1回目のテーマは「フランス語の動詞の法」，第2回目のテーマは「フランス語の発音について」である。第1回目の「フランス語の動詞の法」の実施タイミングは，受講者が，直説法，条件法をすでに学習し，これから接続法を学ぼうとする時期に，動詞の法と時制のより深い理解を図るために設定した。また第2回目の「フランス語の発音について」は，翌年1月に実施される「フランス語共通テスト」（大阪大学のフランス語部会が毎年1月初旬に実施するテストで，「フランス語初級Ⅱ」受講者全員が受験を義務づけられている）の発音問題の試験対策に向けたタイミングで実施した。

第2回目はどちらかといえば共通テストの試験対策という大阪大学の環境に特化した活動であるため，本章では，より一般的であると思われる第1回目の活動を中心に報告したい。

3 「反転」導入への道

　反転授業については，話題として知ってはいたが，外国語の授業に導入しようなどとは思いもよらなかった。本章の第1節でも多少触れたように，受講者の負担（もちろん新たな手法の導入は教員にも負担になる）に見合うだけの効果があるとは思えなかったからである。

　ということで，そのまま何もなければ反転授業とは無縁の授業（もちろん，授業方法や教材には工夫を加え続けてはいる）を行っていたと思われるが，2014年3月13日に旧知の森朋子氏（当時は島根大学教育開発センター）と，先にお名前を出した安部有紀子氏の訪問を受け，状況は一変した。

　この訪問の際，森朋子氏から反転授業のエッセンスについてレクチャーしていただき，すべての授業を反転授業にする必要は全くないのだとわかった時点で，ひょっとしたら「反転授業」で用いられている方法の一部を自分の授業でも生かせるのではないかという期待が生まれた。そして，反転授業実施の際には，高等教育マネジメントがご専門の安部有紀子氏が授業観察に入って下さるという提案をいただき，反転授業の導入へと心が傾いた。教室に第三者の参与があると，教員と受講者によい刺激を与え，授業が活性化することを経験上確信していたからである。

　反転授業で必要な要素となるビデオ作製については，iPadのアプリExplain Everythingをご紹介いただいたが，iPadは授業ですでに活用しており，その操作にはある程度慣れていたので，敷居はそれほど高くなかった（Explain Everythingによる教材作成に関する情報もネット上に数多くあり，非常に参考になった）。問題は内容である。

　まず，2014年度私が担当している授業で行う場合，どのクラスで行うかを考えなければならない。2014年度1学期は初級を2クラスと中級を3クラス，第2学期は初級を2クラスと中級を3クラス担当する。中級クラスでの教材は軽い読み物とその内容についての練習問題で，グループ中心の学習を計画している。初級クラスの教材は，大阪大学で作成した初級文法の教科書で，教室では文法事項の説明と練習問題の解答といった非常にオーソドックスな授業方法である。そこで，初級文法の文法事項の解説の部分を教室外でのビデオ学習とし，それに関連する練習問題を教室でのグループ学習で行えばよいのではないかと考えた。また，導入のタイミングは，基本的な文法事項についての理解がある程度深まっている2学期の後半とした。

　そしてまた，従来の教室で授業内容の一部をそれに替えるのではなく，従来の授

表 11-1　グループワークと成績

受講者ID	1学期末テスト /100	2学期末テスト /100	共通テスト /100	グループ番号	1学期末テスト /100	2学期末テスト /100	共通テスト /100	事前アクセス	出欠	問/15分	問/25分	問/30分	得点/20	事前アクセス	出欠	問/5分	問/10分	得点/20
								\multicolumn{6}{	c	}{12/12 グループワーク}	\multicolumn{5}{	c	}{12/19 グループワーク}
文001F	82	90	86	1	88.3	80	78.4	×	○	14	20		17	×	○	8	20	20
文002F	85	67	78					○	○					○	○			
文003F	98	89	84					×	○					×	○			
文004F	×	63	48					×	○					×	○			
人001F	88	91	96					○	○					○	○			
文005M	99	80	90	2	73.8	71.8	79.5	×	○	8	12	12	11	×	○	17	20	20
文006M	42	69	80					×	○					×	○			
文007M	62	54	62					×	○					×	○			
人002M	92	84	86					○	○					○	○			
文008F	88	99	90	3	79.5	83.3	79.5	×	○	4	14	18	13	○	○	20	20	20
文009F	100	100	88					○	○					○	○			
文010F	52	47	64					×	○					×	○			
文011F	78	87	76					×	○					×	○			
文012M	97	87	86	4	72	67	65.7	○	○	20			17	○	○	20	20	20
文013M	48	71	80					×	○					×	○			
文014M	86	74	78					○	○					○	○			
文015M	95	95	86					×	○					×	○			
再001M	—	22	32	5	55.2	63.6	56.3	○	×	2	6	10	5	×	×	5	20	17
文016M	34	53	32					×	×					×	○			
人003M	75	78	54					○	○					○	○			
人004M	34	52	48					×	○					×	○			
人005M	49	49	×					○	○					×	×			
人006M	36	79	68					×	○					○	○			
文017M	42	61	50					×	○					×	×			
人007M	95	93	86					×	○					×	×			
再002M	—	33	32					×	○					×	○			

11 フランス語初級文法クラスのプチ活性化

受講者ID	1学期末テスト/100	2学期末テスト/100	共通テスト/100	グループ番号	1学期末テスト/100	2学期末テスト/100	共通テスト/100	事前アクセス	12/12 グループワーク 出欠	問/15分	問/25分	問/30分	得点/20	事前アクセス	12/19 グループワーク 出欠	問/5分	問/10分	得点/20
文018F	57	69	58	6	71.8	81	62.4	×	○	14	20		14	×	○	9	20	17
文019F	70	88	70					○	○					○	×			
文020F	72	88	64					×	○					○	○			
文021F	69	81	62					×	○					○	○			
人008F	91	79	58					×	○					×	○			

表11-2 座席表

07	06	05	04	03	02	01
0712	文019F G06	0612 文008F G06	0512 文021F G06	0412	0312 人006M G05	0212	0112 再002M G05
0711	0611	0511	0411	0311	0211	0111
0710	0610 文020F G06	0510 再001M G04	0410 人003M G05	0310 人004M G05	0210	0110
0709	0609 文017M G05	0509 文016M G04	0409 文013M G04	0309	0209 文012M G04	0109
0708	0608	0508	0408	0308	0208	0108
0707 人002M G02	0607 文007M G05	0507	0407 文015M G04	0307 文014M G04	0207	0107
0706	0606	0506 文018F G06	0406 文009F G04	0306 文004F G01	0206 人008F G03	0106
0705	0605	0505	0405	0305	0205	0105
0704	0604 文007M G02	0504 文005M G02	0404 文011F G03	0304 文010F G03	0204 人001F G01	0104
0703	0603	0503 文006M G02	0403	0303	0203 文001F G01	0103 文002F G01
0702	0602	0502	0402	0302	0202 文003F G01	0102

第1部　第2部　第3部

業では十分に説明できなかった内容を反転授業的活動に充てようと考えた。従来の教室での授業内容の学習に不慣れな新手法を取り入れた場合のリスクを回避したいというのが第一の理由で，学習意欲の高い受講者に有益な情報を提供したいというのが第二の理由である。

4 反転授業的活動の導入

　ここでは，2学期の9回目（12月12日）に実施した「フランス語の動詞の法」というテーマでの導入事例について述べる。

　このテーマの導入にあたって，受講者は直説法・条件法の各時制の形態と用法をマスターしていること，接続法の形態について知識をもっていることが前提となる。直説法・条件法の形態に関しては既に認定テストを実施しており，大半の受講者が合格している。

　まず，教室外で視聴するものとしてフランス語の直説法，条件法，接続法の違いについて簡単に説明したビデオを事前に作製した。使用したツールは，iPadのアプリ Explain Everything である。ビデオの長さが5分間以内になるよう内容を調整しシナリオを書いた。休憩時間を利用したスマートフォンなどの携帯端末での視聴も考慮にいれるとするなら，5分以内のビデオという条件は重要である。「フランス語の動詞の法」のビデオ作成には慣れていないせいもあり5時間程度かかったが，慣れてくれば1時間で済むかもしれない。パフォーマンスの細部に気になるところがあっても，内容に間違いがなければそれでよしとすること（これは「永久保存版」ではなく，その授業のためだけのものであると考えること）が作成時間短縮の秘訣である。

　実施1週間以上前に，作成済ビデオを LMS (Learning Management System) に掲載し（大阪大学では Blackboard 社の Blackboard Learn をベースにした CLE という LMS を利用している），ビデオの視聴を前提とした簡単な確認テストを作成しておいた。また，8回目（12月3日）の授業で，次回にグループ学習を行う旨を伝え，事前に LMS にアクセスし教材ビデオを視聴した上で，確認テストをやっておくように指示した。

　9回目（12月12日）の対面授業（4限目 14：40～16：10）では，前半（14：40～15：15）に通常授業，後半（15：15～16：00）に対面授業的活動を実施した。この回は，授業観察に安部有紀子氏が入って下さった。

　授業開始後，いつもと同じように前回の復習（接続法現在・過去の形態）の小テスト。この小テストは，板書された解答に従って自己採点をし，間違えた場所を確認

●事前学習
①約 5 分間のの動画の視聴
LMS に掲載した「フランス語の動詞の法」についての動画を，教科書やノートを参考にしながら，理解できるまで繰り返し視聴する。
②確認テスト
視聴後，LMS にあらかじめ準備してある確認テストを行う（複数回試行可，回数制限なし）。確認テストを行った時間，回数，成績は LMS に記録される。

↓

●対面授業
①通常の授業（前半 35 分 14:40 → 15:15）
通常実施している授業開始直後の復習小テスト（接続法の形態に関するもの）のあと，接続法の用法について解説を行う。
②グループワーク（次の 30 分 15:15 → 15:45）
動詞の法と時制に関する練習問題（資料 3）をグループで行う。作業時間は 30 分。途中経過で解いた問題数を報告させる。
③解答と解説（次の 15 分 15:45 → 16:00）
答え合わせと解説の後，各グループの正解数を報告させ，間違った問題をグループで見直す。
④まとめ（最後の 10 分 16:00 → 16:10）
当日の学習事項をまとめ，次回以降の授業予定のアナウンス。

図 11-1　反転授業の流れ

するためのものである。通常は，自己採点とコメントの記入が終了した後，ティーチングアシスタントが回収することになっている（回収された答案は，次回までに教員がチェックしてコメントを加えて返却）が，この回は接続法の用法を説明する際に利用するため，小テストを手元に残し，説明後に回収することにした。

手元の小テストと教科書に従って接続法の用法を解説した後，グループ作業のための準備をした。グループ分けについては，自分たちで 5 名程度のグループを作っておくようあらかじめ指示しておいたが，結果として，メンバー 4-7 名のグループが 6 グループできた（表 11-1，表 11-2）。なお，事後の授業分析のため，グループ作業中の会話は，受講者の許可を得た上で録音された。

各グループに全 20 問で構成されている法と時制に関する練習問題（図 11-2）を配布し，作業時間 30 分間に復習もかねて自由に意見を交換し，問題を解くように指示した（「早く解けばいいということではない，時間を有効に使うように」）。途中経過として，開始後 15 分，25 分，30 分の時点で，解答が終了した問題の数を報告してもらい，黒板に板書した（図 11-3 参照）。これは，各グループの進行状況を知り指示を与えるだけではなく，他のグループの進行状況を知り自分たちのグループの作業を調

図 11-2 練習問題

図 11-3 板書の例

整してもらうという意図もある。早く終了したグループには，もう一度慎重に見直しをするよう求めた（「なぜそのように考えたのかを説明できるように」）。作業時間30分経過後，解答と解説を行い，各グループの正解数を報告させた（表11-1）。その後，グループで間違った問題について確認するよう指示した。

最後に，今回の授業をまとめ，次回の授業のアナウンスをした。次回は，接続法現在の認定試験（形態に関する穴埋めテストで，3分間で20問中12問以上の正解で合格。各認定試験合格が単位取得の必要条件である）を実施するのでしっかり勉強しておくように，また，「フランス語の発音の間違い易いポイントと発音問題」のグループワークを行うのでLMSでビデオを視聴し確認テストをやっておくように伝えた。

5 観察と感想

反転授業的活動を導入した2回の授業は，授業観察も入っている非日常的な授業だったので，教員にも受講者にも適度な高揚感があった。これは授業運営にとって好ましいことであると考える。

表11-1でみるとビデオの事前アクセスは，反転授業の活動導入の1回目では，全体の4割弱，2回目で少し増えたものの5割に達していない。かなり一所懸命にビデ

オを作製した身にとっては辛い数字である。ただし、グループ活動で扱う問題がそのように作成されていたからでもあるが、ビデオを見たかどうかは授業中のグループ活動にはあまり影響を与えていないことがわかる。つまり、事前に見ることになっているビデオとグループ活動の連携がうまく取れていないともいえる。だからといって、連携の強化のために、ビデオを視聴しなければグループ活動に支障をきたすような方法を取るのはデメリットが大きい。このあたりを考慮に入れながら、ビデオとグループ活動のペアを設計していくことが重要なのではないかと考えている。

同じく表11-1では各グループの特色がよく表れている。なかでも気になっているのはグループ5である。教師の指示をあまり守らず、授業中もそれほど熱心ではない。それでも1学期に比べて2学期の成績は平均的には上昇しており、内心ほっとしている。ただ、反転授業的要素の導入が効果があったのかどうかは不明である。グループ6はまじめなグループだが、授業内容の理解がしっかりできているのか疑問に思われるところがあった。なので、2学期の成績が非常に伸びているのが嬉しい。

この授業では、2学期授業5回目（11月7日）と10回目（12月19日）、つまり反転授業的活動の導入の前後に学習観に関するアンケートを実施した。その分析結果を、安部有紀子氏の報告から引用させていただくと、以下のような結果が出ているということである（安部、2015）。

- 予習の程度に変化はみられない
- 学習習慣、および他者観（仲間・道具）のポイントが事後で高くなる

このことから、今回の反転授業的活動の導入では、それによって受講者の負担を増やしたわけではなく、また、学習習慣や他者との関わりによい影響をもたらしたことがわかり安心した。

アンケートの自由記述には、次のような肯定的な意見があった。

- 皆で答えると、自分がわからないところが聞けてよかった
- 他人の考え方が学べ、自分が見落としていた知識に気づけた
- 復習になった
- グループで仲間と一緒にできたので楽しかった
- 動画だと繰り返し見ることができるのでよかった

しかし，次のような否定的な意見もあった。

- ビデオを見たら理解が深まると思うが，見てこない人もいるので工夫が必要
- ビデオが短いので見ても変わらない
- グループワークの際，一人にまかせる方がはるかに効率が良い

これに関しては，反転授業的活動を導入する際，事前にしっかりと趣旨とその意義を説明し，受講者に理解してもらう必要があると感じた。

6 おわりに

　反転授業的活動の授業への導入にあたっては，どのようなタイミングで，どのようなテーマで導入するか，そのテーマでのビデオ内容と授業中のグループ活動のペアをどのように構成するか，が大きなポイントになると思われる。このあたりについては，現場の状況を見ながら自ら工夫したり，他の実践例を参照したりすることによって，修練を積む必要があると感じている。また，反転授業の実践活動について意見を交換できる場があると非常にありがたい。

　今回の授業実践に何らかの効果があるとしても，反転授業的活動の導入の効果なのか，新手法導入によるある種の「祝祭」効果なのかわからないところがある。しかし，それはよくないことではない。祝祭は日常に倦んだコミュニティーを活性化する。だから，教員としては，祝祭の効果と手法の効果が相乗して現れることを期待しているし，またそのような方法を模索している。

　大変ありふれた結語になるが，反転授業の実践の有無にかかわらず，心から現場に向き合い，何をすれば現場に貢献できるのかを常に考えることは，教育に携わる者の不断の心得であろう。

【引用・参考文献】
安部有紀子（2015）．「第2外国語授業における反転学習導入の観察調査報告」『大学教育学会　ラウンドテーブル「アクティブラーニングとしての反転学習実践編」』（長崎，2015年6月6日）

岩根　久・安部有紀子・本田周二（2015）．「第2外国語における反転学習の導入実践報告」『関西大学シンポジウム「反転学習はディープ・アクティブラーニングを促す

か ?」ポスター発表』(大阪, 2015 年 2 月 24 日)
本田周二他 (2015).「ラウンドテーブル―アクティブラーニングとしての反転学習 (2) 実践編」『大学教育学会誌』**37**(2), 49-53.

12 社会人教育における反転授業

経営者育成のための大学院教育プログラムの実践

宗岡　徹・西尾三津子

1 はじめに

　関西大学は，2014（平成26）年度の文部科学省の「高度人材養成のための社会人学び直しプログラム」（以下，「学び直し教育プログラム」）の委託事業として，「海外子会社の経営を担う人材を養成する大学院教育プログラム」（以下，「海外子会社の経営者養成プログラム」）の開発を行っている（関西大学，2015）。なお，文部科学省の「学び直し教育プログラム」は，大学院が産学連携により，社会人の「学び直し」のニーズを発掘して，その「学び直し」を支援する教育プログラムの開発を委託事業として行うものである。全国の大学院から67のプログラムの応募があり，14のプログラムが採択された。

　関西大学は，りそな銀行グループ等との産学官連携をもとに，海外に進出している中堅・中小企業あるいは今後進出を企図している企業のニーズの高い「海外子会社の経営者養成」のための教育プログラムを「学び直し教育プログラム」として開発する事業を行っている。海外子会社として，従来から多くの企業が進出しており，親日的で関係が深く，最近の「チャイナプラスワン」の対象となっているASEANをターゲットとしている。

　そもそも，日本企業は，円高や人件費の高騰等から，生産現場を海外に移転・分散せざるを得ない状況にある。また，中国やASEAN等の新興国の経済力向上に伴い購買力が上がった結果，高度な技術力による満足度の高い日本製品への需要が高まっている。しかしながら，海外進出の際には綿密な計画をもたず，海外で業務に

図 12-1　実証・改善サイクル図

就く従業員に対しても十分な教育を行わずに派遣していたのが実情である。一部の大企業では，従来は欧米だけがターゲットであった「グローバル人材」の養成を，中国や ASEAN を含む全世界を対象にし始めており，その他の中堅・中小企業との差が広がりつつある。本プログラムの社会的ニーズの背景には，人材育成の取り組みにおいて，グローバル人材育成に対する企業の意欲の高まりと，それに対応した教育プログラムがなかったことがある。

　プログラムの特徴として，①教育プログラムの体系性　②教育方法の工夫　③e-learning の活用　④ PDCA サイクルによる FD 活動　⑤社会人向け配慮等がある。具体的には，①「人材像の定義⇒習得すべき能力⇒教育科目の設定⇒授業内容のデザイン」と展開し，体系性を有する教育プログラムを提供すること　②学習効果を高めるべく，「反転授業⇒対面授業⇒復習」というブレンディッド学習の実施や集中合宿授業等を行うこと　③インターネットを活用して「反転授業」を行うことや，授業を録画・配信して「復習」に活用すること　④図 12-1 の通り，「プログラム開発にかかる PDCA サイクル」と「授業実施にかかる PDCA サイクル」の二重のサイクルを備えた設計であること　⑤受講者の地理的，時間的な負担を軽減するために，土曜日を中心に東京と大阪の都心部で授業を開講することや，欠席した受講者が，e-learning の活用により，事後的に授業を受講できるようにしていることである。

2 授業の概要

 関西大学で開発中の「海外子会社の経営者養成プログラム」は，半年間の教育プログラムで，2014年度（2015年2月～3月）から授業が開始され，現在は，2015年度前期（4月～9月）の授業が実施されている。カリキュラムとしては，実務経験を有する教員等による実例に基づくディスカッションを中心とする「実践基礎教育プログラム」「実践応用教育プログラム」の合計60コマ（90時間）と，大学教員による体系的知識の習得を中心とする「専門教育プログラム」40コマ（60時間）を提供しており，必修科目を含む120時間以上の単位を取得した受講者には，学校教育法に基づく「履修証明」が発行される。

 本章で対象とした授業科目は，実践基礎教育プログラムの中の「演習：事例研究」である。授業担当者は，東南アジアで実務経験をもつ大学教員で，時間数は計5コマ（90分×5）である。テーマは，「東南アジアにおける海外子会社経営特有の課題─経営者としての必要な能力」で，インドネシアにあるIN社（従業員数約2500名，そのうち日本人は社長を含め数名）を事例に取り上げ，海外子会社の課題について考えるという内容である。到達目標は，海外子会社経営に特有の課題の理解，海外人材に求められる資質についての理解，日本親会社と現地子会社の関係性への着目である。

 授業は，2015年2月から3月の間に実施された（授業A）。その後，同一テーマの授業が5月にも実施された（授業B）。両授業ともに，授業担当者と反転授業の内容，授業時間数は共通している。また，インドネシアやIN社の基本情報等の資料は，いずれの授業においても同様の形で配布しているが，授業Aと授業Bの形態は異なる。授業Aは講義を中心とする授業であり，授業Bは協働学習を中心とする授業であった。受講者は，授業Aが15名，授業Bが16名で，大阪，浜松，東京の中堅・中小企業に勤め，東南アジアへの海外赴任業務に関心の高い20代から50代の社会人である。

3 これまでの授業方法とその課題

 社会人の受講者は，受講に対しての目的意識がはっきりしており学習意欲が高い反面，学習のための時間を作ることが大変なこと，社会経験のバックグラウンドが様々で，その経験や知識等に差異があるという特徴がある。

 このような点を前提にすると，学習意欲が高いが時間的な制約のある社会人受講

者には，自らの判断で行う事前準備（予習）が必要となる。そのために，事前学習としての「反転授業」においては，目的，内容，前提，課題を提示し，受講者の知識レベルをある程度整え，対面授業にスムーズに入ることにより教育効果を高めることができると考える。さらに，経営者の養成ということから言えば，単なる知識の伝達では，その目的を果たすことができず，ディスカッション等のアクティブラーニングを通して，知識を実際の事例に応じて応用する能力の育成が肝要となる。企業の経営を行う場合，経営者に求められるのは，臨時で不規則ではあるが，企業自体の存続に関わるような重要な判断である。

　「経営者教育」と銘打って行われている教育の多くは，高名な経営者やコンサルタントが，過去の事例をもとにいかに苦労し，解決したかを聞かせるものが多い。その中には，講師が一方的に知識や自身の体験を伝達するため，受講者にとって楽しくない研修に終わるものもある（吉田，2006）。経営判断の裏話など興味深い内容も披瀝されるが，経営者教育としては，「当該事例をいったん抽象化して，自ら直面する事例にブレイクダウンして，その時にどうするか」ということを考えなければならない。高名な経営者やコンサルタントの話す事例は，最良の判断であったとしても，それはある条件下のものであり，TPOや会社の直面する状況が異なれば，同様の事例でも経営判断は異なるものである。優れた経営センスを持った人材は，高名な経営者やコンサルタントの話を聞いただけで，その抽象化と事例を置き換え，それに対する判断の鍛錬を自然に行っている。しかし，多くの人間にとって，この過程は教育として提供される必要がある。そのため，当プログラムでは，インストラクショナルデザイナーにより「授業設計」を行い，抽象化と事例の置き換え，それに対する判断のプロセスを実体験させるとともに，他の受講者の事例の捉え方とその解決策等をディスカッションすることで，応用可能な知識や技能に転換することを企図している。このような経営者教育においては，「アクティブラーニング」は必要不可欠なものであり，それと連動させた「反転授業」も重視されることとなる。

4　反転授業の方法

　当プログラムにおける反転授業の目的は，受講者が学習を効果的・効率的に行い，自身の既習経験を具体的な場で活用できる実践的知識として構築していくことである。受講者は，対面授業の1ヶ月前に配信された反転授業ビデオを視聴し，授業の目的や概要を確認し，対面授業で学ぶ際に必要となる知識を事前に習得する。また，

授業担当者から出された課題について自らの考えを整理する。これは，異なる背景をもつ社会人が対面授業での理解を促進させ，思考を深化させることを意図したものである。時間的，場所的に制約が多い受講者は，反転授業ビデオを通勤時や業務の合間を使って視聴したりして，効率的に事前学習を行っている。反転授業と対面授業との関連は，図12-2の通りである。

```
●反転授業（授業A，授業B）共通
1. 20分の動画の視聴
   ①授業の目的と概要，授業計画を知り，授業へのイメージをもつ．
   ②インドネシアの基本情報を理解し，文化や価値観の相違による経営の難しさについて，
     各時間のキーワードをふまえてポイントを整理する．
   ③授業担当者の経験を聞き，課題（経験談についての感想をメモに取り，海外子会社の経
     営者として備える能力についてまとめる）を知る．
2. 動画を視聴して，受講者自身の実務経験に関連するキーワードを抜き出したり，疑問点
   を抽出したりする．
3. 課題解決のための情報を収集し，自分の考えをまとめて課題を提出する．
```

```
●対面授業A　2～3月実施
1. 事前課題の成果（感想，疑問，要望）を，一人ずつ発表する．
2. 発表内容に関して，質疑応答を行い，授業担当者から助言を得る．
3. 授業担当者からインドネシアでの実務経験（海外勤務の実情，IN社の事業構造と経営上の諸問題，不測の事態への対処法）に基づく解説を聞き，感想や疑問をもつ．
4. 感想や疑問を発表し合い，質疑応答を行う．
5. 学習の成果と今後の学習への展望をまとめる．
```

```
●対面授業B　5月実施
1. 反転授業でのキーワードをもとにし，「海外子会社の経営者としての必要な能力とは何か」というテーマにそって4つのサブテーマを設定する．
2. 経験年数や企業，業種に偏りがないように4つのグループを編成する．
3. グループごとに一つのサブテーマを選択し，反転授業で事前に獲得した知識と，実務での既習経験を融合させながらグループワークを行う．
4. 課題解決の過程で授業担当者から経験に基づいたヒントや新たな知識を得る．
5. グループ学習の成果を発表し合い，質疑応答を行う．
```

```
●復習（授業A，授業B）共通
1. 個々の理解度に応じて，反転授業や対面授業のビデオを視聴する．
2. 学習を通して分かったこと，分からなかったこと，実務へ活用できることについてまとめる．
3. 自分の弱点や疑問点等をメモにとり，次時の授業につなげる．
```

図12-2　反転授業の流れ：実践基礎教育プログラム「演習：事例研究」の場合

受講者は，配信された反転授業ビデオを用いて自分のペースで学ぶことができる。社会人の実態やニーズを考慮して，1回の授業シリーズ（科目）に対し，1回の反転授業を実施している。ビデオは20分〜30分で構成されているが，各科目の特性やコマ数が異なるので，ビデオチャプターを設定する等，構成の工夫をしている。受講者は，必要に応じて何度でも反転授業ビデオを確認することができ，各課題への回答はe-learningを用いて授業担当者に提出する。担当者は課題を確認して対面授業での議論のテーマにしたり，個々の受講者へフィードバックを行ったりする。

5　反転授業の実施結果と考察

　本プログラムで反転授業を経験した授業Aの受講者（Aグループ），及び授業Bの受講者（Bグループ）を対象に，アンケート調査やインタビュー調査を実施し，学習内容の理解度や意欲，反転授業の成果や問題点について調べた。

　全5コマの授業終了後に実施したアンケート調査は，学習者についての8つの設問と授業についての4つの設問の計12項目からなる（表12-1）。回答方法は，〈強くそう思う〉〈そう思う〉〈どちらともいえない〉〈そう思わない〉〈全くそう思わない〉の5段階選択式である。なお，反転授業の成果と問題点については問13として自由記述でも回答を求めた。Aグループは13名，Bグループは16名から有効回答が得られた。

　A，Bグループのアンケート調査の結果は，表12-2の通りである。〈強くそう思う〉と〈そう思う〉を肯定意見とし，〈そう思わない〉と〈全くそう思わない〉を否定意見とした。A，Bグループともに，受講者の実務経験年数や業種等が異なるため，学習に対する前提条件（科目に関する基礎的な知識や予習への積極的な取り組み）には差異が見られるが，授業への参加傾向（出席率）は類似していると考える。一方，学習意欲の向上，及び課題やディスカッションへの能動的参加という点では，Bグ

表12-1　アンケート項目と枠組み

［受講者について］の設問		［授業について］の設問	
前提条件	（問1．2）	授業内容や方法	（問3．問10）
意欲	（問4．5）	難易度や進度	（問11）
変容	（問6．7．8）	効用性	（問12）
可能性	（問9）		
反転授業の成果と問題点			（問13）自由記述

表12-2 アンケート調査の結果

アンケート項目	Aグループ	Bグループ
問1. 授業を受けるにあたり授業に関する基礎的な知識があった。	23	62
	46	13
問2. 授業を受けるにあたり書籍や情報を調べるなどして予習に取り組んだ。	62	31
	38	50
問3. 反転授業は，対面授業を理解するのに役立った。	61	75
	8	0
問4. 授業によく出席していた。	78	88
	0	6
問5. 授業で学んだことについて書籍や情報を調べる等して復習に取り組んだ。	54	23
	15	23
問6. 授業を受けて知的好奇心が刺激され，自分の意欲が高まった。	85	100
	0	0
問7. 授業で既習知識やスキルを活用して課題について考えることができた。	69	100
	8	0
問8. 他者との協働学習やディスカッションに積極的に参加することができた。	23	100
	0	0
問9. 今後もこのような授業を受けて，さらに自分の能力を高めたい。	92	100
	0	0
問10. 授業の内容や方法は自分のニーズに合致するものであった。	69	100
	8	0
問11. 授業の難易度や進度は自分の理解を深めるのに適切であった。	61	94
	16	6
問12. 授業は自分の業務に役立つものである。	69	100
	0	0

回答欄の上段肯定回答率（％），下段否定回答率（％）

ループの肯定意見率が100％となり，Aグループとは異なる。また，授業内容や方法が自己のニーズに合致していて，学んだことが実務に役立つという回答も，Bグループの全員が肯定意見であった。

問13の自由記述には，「授業内容が事前に把握できたので意欲的に授業が受けられた」「事前課題について考えたことは講義内容の理解の助けとなった」「事前に予習をしたので対面授業で自分の意見が言えた」「授業の雰囲気が感じながらスタートできて有意義である」等，反転授業についての肯定意見が記述されていた。一

方，否定意見としては，「会社の PC や iPad 等の問題で視聴がスムーズにできなかった」「業務が忙しく反転ビデオを視聴する時間が確保できなかった」という学習環境上の問題が出されていた。

上記のアンケート調査から，反転授業は，対面授業での理解を促し，学習意欲を高める作用をもつことがわかる。また，受講者の既習知識や実務経験を想起させる事前の学習は，対面授業の場で他の受講者と学び合うことでより効果的なものになる。つまり，反転授業で獲得した知識を，対面授業の場で確認するにとどまらず，自ら能動的に学習に取り組み，他の学習者と双方向の学び合いをすることで，学習の効果がより高まると考えられる。

さらに，反転授業の効果について，A，Bグループの受講者を対象にインタビューをすると，次のような肯定的な意見を得ることができた。

> 反転授業の効果として，まず，何に興味をもってこの授業を受けるかっていう課題が，何をするのかということが，タイムスケジュールだけでは分かりませんので，それを見れば，この先生はこういう授業をするんだというイメージ作りができるので。ですからその前に，自分の頭の中でいろんなことを想像する。……自分で考えたイメージの中で入っていけるなあというふうに思いました（受講者 K）。

> 事前にやることが明確になりますからどういうことを考えておかなければいけないかというのが分かりますし，特に先生によっては課題，つまり出された内容で授業を膨らませていく，ディスカッションする上でも非常に有用だったのじゃないかと思います（受講者 C）。

> 授業を受けるにあたって前知識が入っているということで，多分 1 時間半の授業で得られるものがすごく多かったなと思います（受講者 I）。

> 次はこういう授業で入るということを受ける者としては当然やっとかないといけない。会社の中でも今回の反転学習を経験して何かするときには予習をさせてこないといけないなとすごく思ったので，これは活かしたいなと思います（受講者 O）。

> 反転学習は絶対にいると思います。学習の最初のとっかかり……そのエンジンが温まるのに時間がかかる，……それが反転学習であれば，10 分で わっ，これでいける，そういう意味で非常によかったと思います（受講者 Y）。

一方，下記のような今後の改善を指摘する意見も得ることができた。

> 私達にはすごくいいツールだと思っているけど，反転学習を聞くための操作でパソコンによっては見にくかったり，スマホでは結構途切れたり，途中で止めてそこから見ようと思ったら結構面倒な作業になったりする（受講者 F）。

> 反転学習は，アウトラインを理解する仕込みができてよかったが，長すぎるものには疑問を感じた。……いろんなものがたくさんありすぎると発散してしまう，また，非常にボリュームの多いものも。そこは，授業との関連の中で，もう少し内容を絞って課題として出されるのがいいと思う（受講者 T）。

上記のインタビュー調査から，対面授業を受ける前に学習内容をイメージし，目的を明確にしてポイントを絞った事前学習をすることで，受講者の学習意欲が高まるということが分かる。つまり，受講者が，反転授業を通して学習の意味を再認識し，なぜ学ぶのかという自らの学習姿勢を問い返しながら，学習の目的を明確にすることで，対面授業での理解がより深まると考える。また，各授業時間の学習内容と関連付けたポイントを絞った事前課題の提示は，学習者の能動的な学習参加を促すものでもあるといえる。

　以上のことから，社会人教育，特に，海外子会社の経営者教育における反転授業の効果として以下の三点が考えられる。

①受講者は，反転授業を通して学習の目的を意識し，必要に応じて事前学習をすることで対面授業での理解を深めることができる。
　⇒対面授業の中に，他の受講者と学び合うグループディスカッション等の協働学習を取り入れることで，受講者の学習がより能動的になり達成感を得ることができる。
②受講者は，反転授業を通して授業のポイントを事前に確認し，自らの経験や知識を整理することができる。
　⇒反転授業の設計に，授業のポイントを簡潔に提示し，個人演習等，受講者が自らの事前学習をチェックする活動を取り入れることで，対面授業での学習がより活性化される。
③受講者は，反転授業を通して自らの学習姿勢を問い直し，目的意識を高めることができる。
　⇒受講者自身が，「この学習にどのような意味があるのか」「実務に役立ち得るものであるか」といった学習の価値を確認することで，目的意識が向上し，実務に活用できる実践的知識として習得することができる。

　本プログラムを事例とした社会人教育における反転授業の取組は，鈴木（2015）のいう「教えないで学べる研修」（鈴木，2015）のために，学びを活性化する仕組みを整えるという点で共通している。そこで，さらに，反転授業の設計の際に，学習の目的と意味付けを意識化させる仕掛けを取り入れることで，実務経験と知識が統合された能動的な学習が期待できると考える。また，学習内容の特性に応じた効果的な構成と，反転授業と対面授業との接続をふまえた授業デザインを考案していく

必要があると考える。

6 今後の課題

　社会人教育における反転授業は，上述したアンケート調査やインタビュー調査の分析からも有効であると判断する。しかし，以下の項目について今後検討していく必要があると考える。

● 6-1　反転授業の必要性

　学び直し教育プログラムのすべての科目において反転授業が必要かつ有効かということを検証する必要がある。具体的には，心理学分野や経済学分野等では，ほぼ共通でそれなりに高度な知識を有している場合がある。そのような分野の講義において，多忙な社会人に「反転授業」の受講と課題の提出を求める必要があるかについて，慎重に検討しなければならない。今後，当プログラムにおいて実施される様々な科目においても検証する必要があると考える。

● 6-2　反転授業と対面授業の接続の授業デザイン

　受講者にとって，実務と関わりが薄く，知識の不足する分野においては，反転授業を受けて，そのギャップを埋めようとしても，その差が大きいほど不十分な理解におわる可能性が高い。そのような受講者にとっては，「対面授業」におけるレビューが求められる。一方，知識レベルが高い受講者は，時間的な制限の中，早く次のステップに進んでほしいと期待するであろう。このような知識や経験の差異の大きい社会人のギャップを解消することが求められる。そのひとつの解決法として，「反転授業」で適切な課題を出し，事前提出を通して受講者の知識レベルを把握し，それをふまえた対面授業の中で，理解や思考の深化を図っていくことが重要であると考える。

● 6-3　反転授業の効果の検証

　本章で対象とした実践事例では，反転授業がどのような効果をもたらしたのかについて，授業評価アンケートの結果を中心に考察を行った。さらに，受講者へのインタビューや派遣企業先へのアンケート，及び，受講者による成果報告レポートの分析を通して，反転授業の効果について検証する必要があると考える。

【引用・参考文献】
関西大学（2015）．「海外子会社の経営を担う人材を養成する大学院教育プログラム」中間成果報告書
鈴木克明（2015）．『研修設計マニュアル―人材育成のためのインストラクショナルデザイン』北大路書房
吉田新一郎（2006）．『「学び」で組織は成長する』光文社新書

13 大学1・2年生を対象とした高次能力学習型の反転授業の実践

東京大学　集中講義「Visualizing Tokyo」を事例として

伏木田稚子

1　はじめに：高次能力学習型の反転授業とは

　本章で取り上げるのは、高次能力学習型と呼ばれる反転授業の一実践である。山内・大浦（2014）は反転授業の特徴として、「授業相当の内容を予習としてオンライン学習で行うことによって対面学習の位置づけを変え、教育活動の付加価値をあげる点」を指摘した上で、どのような付加価値を追求するかによって反転授業は大きく二つに類型されると述べている。

　ひとつは、サンノゼ州立大学で行われた実践を代表とする「完全習得学習型」で、学習者全員がある一定の水準まで理解を深められるよう、オンライン学習後の対面活動では個別の指導に力点が置かれることが多い。もうひとつは、医学における臨床演習や工学におけるプロジェクト演習での取り組みをはじめとする「高次能力学習型」で、授業の目標自体が従来の授業よりも高度な能力育成にシフトしている点が特筆すべきポイントである。

　たとえば、スタンフォード大学医学部では、従来の講義をオンライン学習に移行した上で、対面での授業には患者の臨床事例や生理学的知識の応用を中心とした対話型の活動を取り入れたことが報告されている（Prober & Heath, 2012）。つまり、学習者の理解度を確認したり、反復練習を取り入れて不足を補ったりするというよりも、講義ビデオで習得した知識や物の見方がどの程度応用できるかという観点から対面学習が設計されているといえよう。こうした新たな試みの結果、学生の授業に対する評価が向上し、任意だったにも関わらず出席率も大幅に改善したことが報告

されている（Prober & Heath, 2012）。

なお，ここでいうところの高次能力の育成は，読解・作文・討論・問題解決などの「アクティブラーニング」と呼ばれる活動において，高次思考課題（分析・統合・評価など）を行う学習の流れに位置づけることができるとされ，学生が協力しながら課題を解決する活動の重要性が唱えられている（山内・大浦, 2014）。ゆえに，高次能力学習型の反転授業では，対面学習は必然的に協調学習が中心となり，それに伴い教員のファシリテーションに関する力量が求められるなどの理由から，完全習得学習型に比べて実践の広がりは限られているのが現状である（山内・大浦 2014）。

以上を踏まえると，これからご紹介する実践は，「知識と思考能力の両方の習得を可能とする高次能力学習型の反転授業」の一事例として捉えることができ，オンラインでの事前学習で学んだことの応用を主眼に置いた能動的な活動の展開については，本章第3節「アクティブラーニングとしての対面学習のデザイン」から第4節「本授業を通じた学びの醸成」へと読み進めていただければ幸いである。ただし，本章は研究スタッフとして本授業に参加した筆者の視点に基づくため，講師の信念やデザイン意図には言及しない旨をあらかじめ記しておく。

2 東京大学　集中講義「Visualizing Tokyo」の概要

● 2-1　本授業のねらい

東京大学教養学部では，学部生を対象とする反転授業としては初めて，2014年度冬学期に全学自由研究ゼミナール「Visualizing Tokyo（東京を可視化する）」が開講された。約5週間のオンラインでの事前学習と全5日間の対面学習からなる集中講義で，授業はすべて英語で行われ，留学生7名を含む計16名の学部1・2年生が参加した。

授業の目的は，都市と視覚文化（映画や写真に描かれた文化的な側面）の間にある多面的な関係や近年の変化について，理論的かつ経験的に探索することに置かれていた。具体的には，映画と写真の表現方法に関する理論を分析し，視覚性のもつ政治的，倫理的，感覚的な側面を理解した後に，チームに分かれてビジュアル・ナラティブ（例：ドキュメンタリー作品）の計画，撮影，編集に取り組むことが求められ，最終的な成績は，授業への参加，チームでのプロジェクト遂行に関して執筆した内省レポート（self-reflexive report），ビジュアル・ナラティブの発表によって評価された。なお，想定される学習成果として，以下に示す4点が掲げられていた。

- 映画と写真に関する理論を分析できる
- 視覚性のもつ政治的,倫理的,感覚的な側面を理解できる
- ビジュアル・ナラティブを計画,撮影,編集し,それについて議論できる
- 東京を例にとり,都市と視覚文化との間にある関係性を分析できる

● 2-2　edX 講座との連動

　本授業は,社会学・文化研究が専門である吉見俊哉教授(東京大学大学院情報学環)が海外 MOOC プラットフォームの一つである edX に開講した「Visualizing Postwar Tokyo」と連動しており,受講生に対しては事前学習として MOOC の講義動画を視聴し,クイズに回答した上で全5回の対面学習にのぞむよう指示した。実際には,教員と受講生のみが参加できるクローズドなオンライン環境の中で事前学習に取り組むことができるよう,専用の SPOC (Small Private Online Courses) を設定したことで,対面学習の前には掲示板を介した受講生同士の自己紹介なども行われていた。

　なお,edX の MOOC コース「Visualizing Postwar Tokyo」から選定された計46本の講義動画は,1本あたり約10分以内の長さに収められており,受講生に対しては,SPOC で毎週月曜日に8-9本程度がまとまって公開された。全体を通じて描かれていたのは,戦後の日本における変化や発達の在り方で,アーカイブされた写真やフィルム,テレビ番組などを用いてさまざまな視点から歴史的かつ地政学的な分析がなされていた。

　まず1週目は,戦後日本の復興がどのように達成されたのかという点について,1964年の東京オリンピックの開催に向けた発展に焦点を当てながら,軍事都市からオリンピック都市への転換,そして人々が東京オリンピックをどのように捉えていたのかを描き出している。続く2週目は,1960年代に交通の中心,ビジネスの新たな中心,文化の中核として隆盛し,都市郊外からの通勤通学者や移住者をはじめとする多様な人々が集まる新宿の特徴を,「economic-cultural clash (経済と文化の衝突)」という観点から表現しており,3週目は,戦後の東京が可視性をもつある種のメディアとして変容していく様相を,映画館や紙芝居,家庭でのテレビの普及といったテクノロジーの進歩とともに考察している。

　4週目は,19世紀のロンドン,シカゴ,東京のジャーナリストや研究者,政府によってその存在が明らかにされた都市社会の貧困や周辺を生きる人々の生活に焦点

化し,彼らを映したドキュメンタリー・フィルムのまなざし (gaze) を通じてコミュニティとしての東京を描写している。そして最後の5週目は,知識基盤社会へと向かう都市の在り方を,さまざまな種類のデータを用いて詳細に分析している。以上の約5週間にわたる講義ビデオの視聴を中心とした事前学習において,学生がどのような知識やものの見方を身につけたのかという点については,本章第4節「本授業を通じた学びの醸成」のところで後述したい。

3 アクティブラーニングとしての対面学習のデザイン

● 3-1 全体の流れ

全5日間の対面学習は,すべてアクティブラーニングの形式で行われ,ニコラ・リスクティン特任教授(グローバルリーダー育成プログラム推進室)ならびにフィルムメーカーのイアン・トーマス・アッシュ氏の2名によって進められた。具体的には,教員や他の学生との相互作用をベースとした能動的な活動をふんだんに盛り込む形で,表13-1の流れに沿って展開された。

スケジュールは大きく二つのパートに分けることができ,1日目と2日目は「理論パート」として位置づけられ,理論的なディスカッションを通じた「視覚性(visualization)」の理解に力点が置かれていた。2日目には吉見俊哉教授も対面学習に参加し,MOOCの講義動画に関連するトピックについて学生と議論する機会も

表13-1 対面学習のスケジュール※

授業日	活動の内容
1日目	映画と写真に関する理論の理解 視覚的表象(映画と写真)の分析
2日目	視覚的表象(映画と写真)の分析 可視化の実践
3日目	映画制作の手順と役割の理解 チームでの制作プロセスの議論
冬休み	フィールドワーク(映像または写真の撮影・ラフカットの作成)
4日目	講師からのフィードバック ファインカットの作成
5日目	ミニ映画祭(ビジュアル・ナラティブの発表)

※シラバスに記載されている情報をもとに筆者が作成。

設けられた．3日目以降は，それ以前の理論パートを準備段階とする「実践パート」であり，東京の新たな側面を可視化する試みに没頭できるよう構成されていた．活動の核となっていたのは，ビジュアル・ナラティブをチームで制作するというプロジェクトであり，講師2名は学生の主体的な取り組みをファシリテートする役割を担っていた．

● 3-2 活動の内容

はじめの「理論パート」においては，MOOCの講義ビデオよりリスクティン教授とアッシュ氏が選定した視覚的表象（東京の過去と現在を映したドキュメンタリー作品や写真など）について，事前学習で取り入れた知識を適用しながら分析を行った．それと同時に，「都市の視覚性に対するまなざしとは何か」を自分たちなりに深く理解するための活動が埋め込まれており，「実践パート」においてオリジナルのビジュアル・ナラティブを制作するための足場かけがなされていた．

続く「実践パート」では，テーマに関するオリジナルのビジュアル・ナラティブの制作が最終ゴールとして設定され，①各チームに与えられたテーマのブレインストーミング，②チームの目標の明確化，③プロジェクトの計画，④チーム内での役割（例：ディレクター，プロデューサー，カメラ，音声，編集など）の分担，⑤フィールドワークの実施などを経験する中で，都市と視覚文化の間にある関係性を表現することが求められていた．

1) 1日目

初日の午前中は，事前学習の最後に各自が本授業専用のPadlet Wall（複数人で画像やファイル，リンクなどの情報を貼り付けて共有できるサービス）に投稿した東京の写真やYoutubeビデオについて，なぜそれを面白いと感じたのか，自己紹介を兼ねて理由を説明するワークが取り入れられていた．東京でのハロウィンの仮装パーティーの盛り上がり，ギャル文化とファッション，人がいない原宿，1960年代の東京と中国との共通点などが次々に紹介されていく中で，イアン氏は「東京をどのように可視化していくのか」という本授業の本質的問いを掲げ，きれいなイメージだけでなくネガティブな部分にもまなざしを向けることの重要性を唱えた．その後で，吉見先生の講義動画で取り上げられていた映像（以下，フィルム・クリップと呼称する）と写真を全員で視聴し，そこに表れているまなざしの特徴や都市を全体として捉えることの難しさなどを，リスクティン先生の解説を聞きながら考える時間が設けら

れていた。

　長めの休憩を挟んだ午後は，カメラの動きやアングルにはどのような種類があるのか，物語世界の音（diegetic sound：物語の中で鳴っている音のことを表す映画理論の概念）はどのように扱われているのかなど，東京を可視化するための技術的な手続きを学ぶ機会が提供された。前半は新宿を映したフィルム・クリップについて，この場面の音は物語世界の音かどうか，被写体がこちらを振り返っているような構図からどのようなイメージが感じられるかといった観点から全体で意見を共有し，後半は三つのグループに分かれて，シーンの切り替えや映像の切り口に着目した映像分析の解釈を発表し合った。授業終了時には，「MOOCの講義動画は非常に素晴らしい魅力的な内容で，これを視聴することは宿題ではなくあなた自身のためなのだ」というメッセージが両講師より伝えられたことで，学生は事前学習と対面学習の接続を意識することができたと思われる。

2）2日目
　午前中は，1枚の写真にどのような物語が描かれているのかを3-4名のグループで話し合い，それに対して吉見先生が好評ならびに解説を与えるというワークが実施された。扱われたのは，戦後の上野駅構内で家を失った人々が寝ている朝の風景，新宿駅で職を探し求める人々，低賃金所得者が多く住んでいた千住地域の工場付近，用水路を起点とする人々の営みなどで，被写体の表情やまなざし，それを写真に落とし込んだカメラマンとの関係性などを中心に議論が展開された。また，映像や写真といった視覚的表象を撮る際に生じうる問題についても意見が交わされ，文化や性別のバイアス，ナレーションに用いられる言語の選択，切り取られた事象とそうでないものという客観性などが取り上げられた。

　短い休憩の後は，東京の北側と南側に位置する二つの中心街や，浅草，新宿，銀座，原宿，渋谷，神田について，吉見先生より30分程度の講義が行われた。そして，翌日以降の実践パートのテーマとして挙げられていた「Urban Marginal（都市の境界）」や「Youth Culture（若者文化）」などに，たとえばどのような都市が該当するのかアイディアを出し合うことで，東京の歴史的，地政学的な考察が再確認されていたように感じられた。

　2日目の午後は，漆器塗の工程を詳細に追いかけた映像を視聴した後で，当該作品の制作者であるイアン氏より，映像制作の過程や役割の分担に関する解説が加えられた。続いて，グループ毎に駒場キャンパス近辺を散策し，映像もしくは写真を

撮影するという課題が出され，学生は「Visualizing Komaba（駒場を可視化する）」というミニワークを通じて，特定の建物に着目するだけでなく，より広い視野をもって場所を捉えることの重要性を学んでいた。

3）3日目

　理論パートと実践パートをつなぐ3日目の午前中は，12分間のドキュメンタリー映画の上映後に，脚本の本書き（treatment：構成やカメラ位置などの概略をまとめたもの）を各自で黙読し，イアン氏の説明をもとに制作のプロセス（準備段階・撮影・編集作業）を理解する時間が設けられた。そして，グループでフィルム・クリップを分析し，それぞれの解釈を発表し合うワークに取り組んだ後，いよいよビジュアル・ナラティブの制作プロジェクトが開始された。

　あらかじめ講師によって，留学生が混在する形で4名1組のチームが四つ編成され，各チームに対しては，「Tokyo Olympic 2020（2020年東京オリンピック）」「Urban Marginal（都市の境界）」「Youth Culture（若者文化）」「Knowledge Industry/Media（知識産業／メディア）」の異なる四つのテーマのうち，いずれか一つがランダムに割り当てられた。そのため，3日目の午後はまず，チーム内でペアを二つ作り，相互のインタビューをもとに他己紹介をするという簡単なアイスブレイクが設定され，その後で制作したいビジュアル・ナラティブについての話し合いが行われた。その際，2日目のイアン氏の講義を踏まえて，①チーム内での役割分担（プロデューサー・ディレクター・カメラ・ライター・エディターなど），②今後の制作スケジュール，③大まかな本書きの3点に関する草案を冬休み前に提出するよう求められた。なお，冬休みを含むチーム・プロジェクトの進め方については，学生へのインタビュー調査をもとに表13-2に概要をまとめた。

4）4日目

　午前中，各チームは冬休みのフィールドワークで撮影した映像や写真を持ち寄り，その時点で完成していたラフカットに対する講師からのコメントを踏まえて，ファインカットへと作り込むための方針をチームメンバーと講師2名とで話し合った。それぞれのチームに与えられた発表時間は30分程度で，作品の説明に15分，それに関する議論に15分という制限のもとで進められた。ただし，午後はチーム毎の作業時間として自由に使うことができたため，学生は随時，講師の個別指導を受けながら作品を完成させることに集中した。

表 13-2　チームでのビジュアル・ナラティブの制作[※]

ステップ	手続き
テーマの絞り込み	与えられたテーマについてブレインストーミングをする。 テーマを可視化するための焦点を決める。 インタビュー対象者を選ぶ。
フィールドワークの準備	インタビューの質問項目を考える。 プロジェクトの企画書を作る インタビュー／撮影のアポイントメントをとる。
フィールドワークの実施	インタビュー／撮影を実施する。
ラフカットの作成	インタビューを書き起こす。 書き起こしたインタビューの中から重要な発話を選ぶ。 撮影した映像・写真の中から重要なものを選ぶ。
ファインカットの作成	ストーリー（ナラティブ）を考える。 発話（音声）・映像・写真を組み合わせる。 スクリプト（字幕）を入れる。

[※]受講生へのインタビュー調査をもとに筆者が作成。

　具体的なフィードバックとしては，「冒頭の代々木公園の映像は，その後に続くインタビュー映像とどのような関係があるのか（2020 年東京オリンピック）」「この作品を通じて，見ている人に何を伝えたいのか（若者文化）」「なぜ神保町の古書店街の映像中に，ガストやマックの写真を挿入したのか理由がわからない（知識産業／メディア）」といった内容面での指摘に加えて，「もう少しアルバイト先のシーンを短くしてもよいのではないか（都市の境界）」「渋谷の交差点ではなく，古書店のエレベーターから映像を始めるべき（知識産業／メディア）」などの形式面に関するアドバイスが与えられたため，学生は新たな視点から自分たちの作品を振り返ることができていた。

5) 5日目

　午後の授業開始後すぐに，各チーム 20 分を持ち時間として作品の発表練習をする機会が設定され，学生は自分以外のチームのビジュアル・ナラティブをこのとき初めて視聴することとなった。けれども，その後すぐに最終版を講師に提出しなければならず，他のチームとの比較に基づいて作品を編集することがかなわなかったゆえに，それぞれのチームのオリジナリティがありのまま保たれていたように感じられた。

そして夕方からは，それぞれのチームが自分たちの作品についてプレゼンテーションを行い，講師に招待された外部の教員が質問やコメントをする形でディスカッションが展開された。作品の詳細については本章第4節「本授業を通じた学びの醸成」のところで後述するが，たとえば「全体で何時間程度，撮影をしたのか（都市の境界）」「インタビュー対象者の彼，彼女がどのような人であるかの説明があってもよかったのではないか（若者文化）」「なぜイスラム教からみたオリンピックというテーマにしたのか（2020年東京オリンピック）」「全体の構成，音声，画面の切り替えがとてもよかった（知識産業／メディア）」などの意見がそれぞれのチームに対して寄せられた後，全体講評，学生からの質問を経てフィナーレを迎えるという順番で，約2時間程度のミニ映画祭は幕を閉じた。

4 本授業を通じた学びの醸成

本授業において筆者らは，講義ビデオの視聴を中心とする事前学習で習得された知識やものの見方が，高次思考課題を含む対面学習で活用されるプロセスを明らかにするために，「事前学習においてどのような知識やものの見方が習得されたのか」「それらは対面学習においてどのように活用されたのか」という問題意識のもと，実証的な研究に取り組んだ。具体的には，受講生に対して質問紙調査（対面学習前・対面学習後）ならびにインタビュー調査（中間・対面学習後）を実施し，成績評価対象の課題として提出された12名の内省レポートを分析することで，「edX講座との連動」（本章2-2）に掲載したMOOCの講義動画の内容がビジュアル・ナラティブの制作プロジェクトにどの程度反映されているかを検討した（詳細は伏木田他（2015）を参照）。

ただし，本章は反転授業の実践編の一章であることから，研究の知見を詳細に記述するのではなく，「事前学習への取り組み」「ビジュアル・ナラティブのあらまし」「チーム・プロジェクトの内省」という3点から，本授業を通じて醸成されたであろう学びの姿を描写したい。

● 4-1 事前学習への取り組み

対面学習前に実施した質問紙調査の結果，全5週にわたる講義動画については，平均すると72.0%の学生が「ほぼすべて視聴した」と回答し，内容については「ほぼすべて理解できた（65.3%）」「部分的に理解できた（32.0%）」という自己認識を有

していた．実際に，SPOC に掲載されていたクイズの中から，各週 1 問ずつ，計 5 問をランダムに取り出して出題したところ，正答率の平均は 72.0% であった．これらの結果から，本授業の受講生は対面学習前に，講義動画の視聴やクイズへの回答にある程度取り組んでいたことが確認された．なお，参加動機については，多くの学生が東京という都市への興味や映像制作への関心を挙げており，本授業が選択科目であったことも鑑みると，学習に対する意欲は全体的に高かったことが窺える．

● 4-2 ビジュアル・ナラティブのあらまし

本学教養学部前期課程の規定により，学生が制作した作品を授業外に持ち出して公開することが許可されていないため，ここでは「ビジュアル・ナラティブの概要」と「可視化するための視座」をそれぞれ簡単にまとめておきたい．

まず，Tokyo Olympics 2020（2020 年東京オリンピック）チームは，「2020 Tokyo Olympics and Muslim Tourists: Is Tokyo Ready?」というタイトルの約 4 分 30 秒の作品を制作した．5 年後の東京オリンピックについて，イスラム教の文化（ハラルフード・祈り）との関係に焦点化し，東京ジャーミー・トルコ文化センターのボランティアスタッフにインタビューをした上で，東京はオリンピックを開催するにあたり，多様な民族への対応ができているかという問いを投げかけている．次に，Urban Marginal（都市の境界）チームは，日本で暮らす中国人留学生の経済状況に焦点を当て，大学受験にのぞむ W さんの生活を約 6 分 30 秒の中で描こうとした．合格発表が出るまでの期間，幾度かにわたってインタビューを行い，アパートの部屋，アルバイト先のお店の写真や映像を取り入れることで，留学生が抱える困難や試行錯誤を「Finding One's Way」という作品に落とし込んだ．

また，Youth Culture（若者文化）チームは，「Gyaru in Shibuya: Identity, Place and Culture」というタイトルが表しているように，1990 年代にギャル文化が花開いた渋谷とギャル男・ギャルのアイデンティティとの関係に注目し，約 4 分の作品の中でその移り変わりを表現しようとした．講師の紹介で協力が得られたかつてのギャル男 1 名，ギャル 1 名の語りを，彼らのギャル文化全盛期の思いが詰まった過去の写真と，受講生が撮影した現在の街の写真に重ねる形で，ギャル文化の象徴としての渋谷を捉え直している．そして最後の Knowledge Industry/Media（知識産業／メディア）チームは，世界的にも規模が大きい古書店街として有名な神保町に出向き，近年その様相が大きく変わりつつある点についての考察を「Jimbocho」というタイトルの約 4 分 30 秒の作品に込めた．計七つの古書店のオーナーにインタビ

ューを行い，彼らの語りと店内や町の写真，人々が行き交う通りの映像を組み合わせて，内容のまとまりごとにシーンを区切ることで，神保町の今とこれからの在り方を示そうとした。

　以上，四つのビジュアル・ナラティブについて要点を記述してきたが，東京の可視化されにくい人々の営みにスポットライトを当てていたり，都市を現在という一時点からではなく，過去や未来という時間の幅をもって捉え直そうとしたりしている点で，MOOCの講義動画で吉見先生が繰り返し言及していた「都市と人との関係性に対するまなざし」が立ち現われているように感じられるだろう。そして，事前学習で得られた知識やものの見方が対面学習で活用されたからこそ，こうした深い思考に基づくビジュアル・ナラティブの制作が可能になったと考えられる。

● 4-3　チーム・プロジェクトの内省
　本授業では，ビジュアル・ナラティブの制作と併せて，チーム・プロジェクトに関する内省レポート（1,500字-2,400字）が課題として提出された。特徴的な記述をいくつか取り上げてみると，たとえば「東京オリンピックの中心地・代々木にはモスクがあることから，イスラム教徒とオリンピックとの関係に焦点を当てることは重要だと考えた（学生O：2020年東京オリンピック）」や，「かつてギャル文化が花開いた渋谷について，場所に対するアイデンティティはどのように変化したのかという視点から，個人と場所の関係，文化によって規定される可視性を明らかにした（学生Z：若者文化）」という主張からは，学生は都市と人々とを結びつけて可視化しようと模索していた様子が窺える。

　また，「留学生が直面する経済的な問題に着目し，奨学金の獲得や大学入試に向けた勉強面，生活費を稼ぐためのアルバイトでの努力を描くことで，誰も知らない東京の一側面が明らかになると考えた（学生C：都市の境界）」という記述には，マイノリティの生活に焦点を当てることの意義に対する理解が表れているといえよう。さらに，「古書店街・神保町は，インターネット全盛の影響を受けて変化しているが，伝統を維持しつつも時代に適応しようとすることで生き続けている（学生S：知識産業／メディア）」という考察からは，特定の地域における変化を歴史的な観点から捉えようとした試みが伝わってくるだろう。

5　おわりに：事前学習と対面学習のつながり

　最後にもう1度，冒頭で述べた「知識と思考能力の両方の習得を可能とする高次能力学習型の反転授業」について，事前学習と対面学習の関係から論じたい。本章で紹介した「Visualizing Tokyo」は，東京の歴史的，地政学的な解釈に事前学習で接し，理論パート（視覚的表象の分析）と実践パート（ビジュアル・ナラティブの制作）から成る対面学習において，MOOCの講義動画などを通じて習得された知識やものの見方を実際に適用することが求められた。このように，事前学習での学びを対面学習での活動につなげるという発想に基づいてデザインされていたからこそ，本授業は学生に新たな学知を付与するだけでなく，それを自分たちなりに再構成して表現してみるという発展的な能力の成長に寄与したのではないか，という問いかけをもって本章を閉じたい。

【引用・参考文献】
伏木田稚子・大浦弘樹・山内祐平（2015）．「高次能力学習型の反転授業における知識活用に関する研究」『日本教育工学会第31回全国大会講演論文集』，325–326.
山内祐平・大浦弘樹（2014）．「序文」J・バーグマン & A・サムズ／上原裕美子［訳］『反転授業—基本を宿題で学んでから，授業で応用力を身につける』オデッセイコミュニケーションズ，pp.3-12.
Prober, C. G., & Heath, C. (2012). Lecture halls without lectures: A proposal for medical education. *The New England Journal of Medicine*, **366**(18), 1657–1659.

第3部
特定分野における反転授業

14 知的財産科目における反転授業の試み

Moodle を活用した学習者の主体の学びの仕組み

阿濱志保里

1 はじめに

　科学技術創造立国として日本が世界をリードして，成長を続けるためにはイノベーションをし続け，新しい知識や技術を創造し，活用できる人材を育成することが重要である。特に，グローバル化に伴い，価値観も多様化する社会の中で新しい知識や技術である知的財産を適切に扱う人材を育成することは天然資源が乏しいとされる日本にとって非常に重要なことである。

　近年，日本の企業が関わった海外企業との知的財産分野における訴訟の件数は増加傾向にある（一般財団法人 知的財産研究所，2015）。さらに，その規模は大きい。また，グローバル化の進展に伴い，知的財産に係わる訴訟は大企業だけが対象ではなく，知的財産の部署を持つことのできない中小・零細企業にとっても他人事ではないことが推測される。大規模企業などは知的財産を専門の扱う部署を置くことができるが，日本の多くの企業では，難しい現状にある。そして，グローバル化への対応や日本の知的財産を守るためには，国民が広く知的財産に係わる知識を一般教養や専門的な教養として幅広くもつことが必要であると考えられる。

　また，知的財産は，高校までに該当する教科・科目が明確ではない状況である。そのため，身近な生活では多くの知的財産の恩恵を受けているにもかかわらず，知識習得の機会には制限がある。学習経験のない状況であるが，著作権に関わる機会は多く，私たち自身か著作権者になるだけでなく，他人の著作物を利用するケースも少なくない。特に，社会人になったときには知的財産に関わる配慮が必要な職場は多くあると推測される。

　そこで，山口大学では，それらの企業や社会ニーズに応えるため，平成 25 年度より知的財産に係わる教育を全学必修化した。これまで知的財産教育は専門家や専門

職のための人材育成との位置づけで教育がすすめられてきた。しかし，社会や産業界からは知財の知識をもっている人材は求められており，理系だけでなく，文系の学生も社会に出て知的財産を活用した事業戦略，融資やコンテンツ・著作権のビジネスにも関わる可能性があることから，理系文系ともに，それぞれの専門性や必要性に沿った知的財産に関する知識やその利活用できる能力を身につけることが重要である。

　本章では，筆者の担当した授業で実践した反転授業の取組みについて紹介するとともに，学習者の様子について紹介する。

2　授業の概要

　山口大学では，平成25年度より，教養教育のクォーター制を導入するとともに，DPの中で，「山口大学の卒業生として相応しい教養を身につけるため，本学の共通教育では，教養コア科目8単位，英語科目6単位，一般教養科目16単位の30単位をすべての学生が必修科目として履修する」ことを定めた（山口大学, 2015）。今回，反転授業を取り入れた授業は，一般教養科目に位置づけされている「科学技術と社会」である。開講に当たり，社会ニーズの高い知的財産に関わる学習内容を導入したことは，大学教育改革の一つとしての役割を担うとともに，新しい人材育成につながると期待された。反転授業の教育実践を行った授業科目は，「科学技術と社会」を学部生のための知財的財産入門とした位置づけで，初学者向けの知的財産に関わる内容で開講した。開講区分は，全学必修（1年生），対象者はすべての1年生である。その中で，筆者の担当している教育学部の授業について反転授業に取り組んだ。受講生（履修登録者）は129名であった。授業では，知的財産に関する分野である著作権，特許権，意匠権及び商標権において法的な内容と実践的な内容を重視して学習内容の検討を行った。知的財産は，土地や机・椅子のように形がある財産（有体物）とは異なり，同時に別の場所で使用することも可能であり直接的支配が難しい無体物（アイデアなどの情報）として存在している。学習者にとって身近にある知的財産に気づき，どのような権利が生じるのかを知識を習得していく。授業の学習内容を表14-1に示す。

表 14-1 学習内容

項　目	学習内容
1　知的財産の全体像	数多く存在する知的財産の全体像を俯瞰するとともに，それらを三類型化して権利取得や保護活用の基本について解説を行う。知的財産に関する身近な話題を利用して知的財産の観点に基づいて検討を行う。
2　著作権の概要	著作権制度の沿革と著作権法で定められている権利の概要の解説を行う。著作権法で定義された著作物の考えをもとに，著作物性の判定から始まり，著作者の権利や著作物を伝達する者の権利などを具体的な事例について検討を行う。
3　著作権の基礎知識	著作権法は著作権の効力範囲を定めるとともに，私的複製に関する権利制限などの各種「権利制限規定」について解説を行う。特に，ここでは，権利制限の概要と学校教育における権利制限の境界を正確に理解するため，具体例について検討を行う。
4　著作権 （個別権利制限） 研究者の知財マナー	研究者として研究を進める際のマナーあるいは具体的に原稿や論文を作成する場合の留意点を，主に知的財産の観点から解説を行う。ここでは，文章の引用，図表・写真の利用，データの収集並びに利用，思想（コンセプト）の利用など，研究遂行時に起こりえる事例について検討を行う。
5　産業財産権の基礎知識	代表的な産業財産である特許，意匠，商標を取り上げて，権利の性格・権利取得・権利行使について解説を行う。同時に，不正競争防止法による権利保護に関する過去の代表的な事例について検討を行う。
6　知財情報検索・解析・活用	検索を行うための検索式の作成を行うとともに，特許電子図書館（IPDL，現在は J-Plat Pat），山口大学特許検索システム（YUPASS），文化庁著作権登録情報，農林水産省品種登録情報，日本音楽著作権協会の管理楽曲情報などの知的財産情報データベースの概要と検索方法の解説を行う。また，取得した情報の読み方と情報活用方法についても検討を行う。
7　意匠権と商標権	意匠権はデザイン保護の観点のみならず，著作権法，意匠法，不正競争防止法による運用が必要となるため，関連する法律との関係性にも着目し，過去の判例をもとに検討を行う。商標権では，企業におけるブランド戦略とも関係性があるため，特許法や意匠法との両者を視野に入れた運用が必要になる。ここでは，各法律による保護の相違点を理解した総合的な運用について検討を行う。
8　定期試験	これまでの学習内容をもとに知識習得中心の全学共通の定期試験を実施する。

3 反転授業の導入の経緯

　本授業科目の開講時（2013年）は，一斉教授法で行っていた。授業では，指定教科書の他，開発した PPT スライド教材を用いた。そのほかの授業の工夫として，学習者のニーズや進捗状況，疑問・質問を把握するため，授業毎に小レポートを課すなど，教授者と学習者とのインタラクティブな授業デザインを行った（阿濱他，2013）。しかしながら，150人以上の大講義室での開講のため，すべての質問に答えることが困難であったり，教授者が学習者の学習満足度や学習内容の理解度，学習ニーズを確認することが難しい現状がみられた。そのため，特に学習者の理解状況ついての把握は，学期末の試験（知識習得が中心）になってしまった。授業終了時には学習者から，法律に関する内容について，理解が追いつかず，聞き漏らしや，理解不足がみられ，毎回の小レポートからは，「難しい」との表記が多くみられた。学習者の知的財産に関わる意識を時系列で調査する中で，知識習得と日頃の知的財産に関わる意識構造とに乖離がみられた（阿濱他，2014）。さらに，学習者に学習前に実施した学習レディネスの調査では，「知的財産」について日常生活で見聞きすることはあっても，知識の定着や理解の深まりはないことから明らかになった（阿濱他，2015a）。このことから，学習者の知識習得に関わる学習内容については，反転授業の教育手法を用いて，知識の定着を試み，授業内では知的財産を身近に感じてもらうことをアクティブラーニングの手法を用いて習得を試みた。

4 反転授業の方法

　反転授業の取組み方法としては（阿濱他，2015b），知的財産 e ラーニングのコンテンツとしてオリジナルのビデオ教材，授業スライド教材，事前課題及び事後課題を配置し，学習のタイミングに合わせて学習者に提供を行った。ビデオ教材は，学内の収録スタジオで収録し，ビデオ教材に沿った形で PPT を掲載し，Adobe のビデオ編集ソフトで編集を行った。学習者の視聴するビデオ動画画面には，PPT 資料，授業者（話している様子），及び重要な部分をテキストで表示させた（図14-1）。作成したビデオ教材は大学内のサーバーに配置し，授業受講者のみが視聴することができるようにした。また，配置にはビデオだけでなく，ビデオ教材で使用しているスライド教材を配置した。これは，学習環境により，ビデオ教材の動画再生ができない，再生がうまくいかないトラブルも予想されたので，ビデオ教材と同様のスライ

図 14-1　学習用ビデオ（例）

ド教材を作成し，学習できるようにした。

　実際の学習者の学習の手続きとしては，受講履修登録を行った学生は，履修登録と同時に Moodle へ登録を行い，学習準備を行う。学習者は授業前日までに Moodle にアップロードされたビデオ教材を 2-3 本（1 本あたり 10-15 分程度，ストリーミング形式）を視聴し，事前課題を Moodle 上で実施・提出する（図 14-2）。受講生は事前に学習したことを前提に授業に出席し，授業の冒頭に確認問題に取り組む。この確認問題は，Moodle 上のビデオ教材の学習内容が中心とし，事前学習の学習者それぞれの自己チェックとして位置づけた。授業では確認問題の解答合わせとそれぞれのポイント解説を行った。教員は主に授業支援者としてファシリテーターの役目を担った。さらに，知識の定着をめざし，ビデオ教材の内容をもとに，学生の学習レディネスを考慮した課題を与えた。その課題には学習者の参画を重視しケーススタディを盛り込み，アクティブラーニングの手法を用いた。授業では学習者が授業外学習（自宅学習）においても十分に理解できるように詳細な内容を記載し用いたスライドを利用した。さらに，学習者同士が学び合うアクティブラーニングを取り入れ，少人数で事前学習の振り返りを行った。

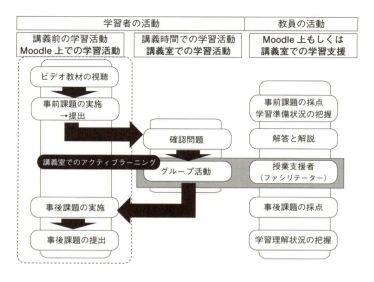

図 14-2　学習の流れ

5　反転授業の効果

　8回の授業を経て（反転授業で実施したのは実質6回），学習者からはさまざまな意見が聞かれた。ビデオ教材を導入後は，「ビデオみてきた？」と授業前に話す学生の声が聞かれたり，「＊＊の部分がわかんなかったけど……」などと疑問をもって授業に参加している様子がみられ，ビデオ教材の視聴には強い抵抗はみられなかった。2014年度に実施した調査の自由記述からは，「ビデオ教材は，自分のわからない箇所を何度も見たり，繰り返し見ることもできるので理解を深めることができた」や「次の授業を受ける際に，ある程度自分の考えをもって臨むことができる。また，ビデオ教材で理解しにくいところがあってもグループなどで話し合えるのでよかった」「1回授業で学ぶより，ビデオ教材で復習することができるので理解度が増した」などの学習習慣としてビデオ教材を利用した学習環境を構築している学生がみられた。病欠などで休んでしまった学生や，しっかりと勉強したいと考えていた学生には学習の習慣づけとして，効果的であったと示唆される。特に，本授業では，教える内容も多いことから，必ず習得しなくてはいけないことをビデオ教材にすることで，授業時に聞き漏らしをしたり，再度学びたいというニーズには効果的であ

った。

　一方，ビデオ教材の視聴と事前課題を行うため，予習に時間を要し，負荷がかかっているとネガティブな評価をしている学生もみられた。同調査から「教材のデータが重く，自宅にネット環境がない場合負担が大きすぎる」や「事後課題，事前課題だけでもかなり時間が取られるのにビデオ視聴まであって，時間を十分に確保するのは難しい」などの意見が聞かれた。

　教授者としての利点は，必修化で他の学部と同じ教材を利用しているため，学習内容の遅延が試験に関わる恐れがある（最終的な試験は全学部一律）ため，ビデオ教材で一定の学習内容を学べるようにしておくことで，シラバスの学習内容の担保を行うことができたのは，安心して授業の進行ができた。最も多くの時間を有した作業は，ビデオ収録とその編集であった。ビデオ編集ソフトを使い慣れて，効率よく操作できるまでに時間を有したが，効率的な作業方法を選択できるだけでなく，学生からのリクエスト（口調やペース）なども聞かれ，学習者のニーズに配慮した制作活動を行うことができた。

　本取組みにおける学習者の利用状況とその評価について，授業終了時に調査を行った。対象者は履修登録者129名に対して行った。結果を表14-2～5に示す。

　表14-2及び表14-3は，履修登録者129名を対象に行ったビデオ教材の視聴状況及び視聴頻度である。調査の結果，86.0%の学習者がビデオ教材を活用して授業準

表14-2 ビデオ教材の視聴状況（全員対象：129人）

	人数（人）	割合（%）
視聴を行った	111	86.0
視聴を行っていない	16	12.4
無回答	2	1.6

表14-3 ビデオ教材の視聴頻度（全員対象：129人）

	人数（人）	割合（%）
毎回行った	35	27.1
毎回ではないが，だいたい視聴した	60	46.6
ほとんど視聴しなかった	17	13.2
まったく視聴しなかった	3	2.3
無回答	14	10.9

表14-4 ビデオ視聴の時間 (ビデオ視聴を行った学習者：111人)

	人数（人）	割合（%）
30分以内	49	44.1
30分以上1時間以内	51	45.9
1時間以上2時間以内	10	9.0
2時間以上	0	0.0
無回答	1	0.9

表14-5 ビデオ視聴を行わなかった理由 (ビデオ視聴を行っていない学習者：16人)

	人数（人）	割合（%）
Moodleにアクセスすることができなかった	0	0.0
時間がない	2	12.5
動画の再生不可能	3	18.8
パワーポイント教材で充分	8	50.5
無回答	3	18.8

備をしていることが明らかになった。さらに，大半のビデオ教材を利用した学習者（「指示のあった毎回の授業」+「だいたい」）の73.7%の学生がビデオ教材を利用していた。このことから，多くの学生が事前学習に参加していたことが示唆された。

表14-4は，ビデオ教材を用いた学習時間である。その結果，学習時間では，毎回1時間未満の事前学習を行った学生は86.2%であった。

表14-5は，ビデオ教材を視聴しなかった学生を対象に（12.4%），視聴を行わなかった理由を聞いた。その結果，その理由としては，パワーポイント教材での学習で充分であると判断した学生が50.0%であった。これらの結果より，多くの学生がビデオ教材を利用し，毎回の授業のための授業外学習として1時間程度を費やしていることが明らかになった。学生たちの授業の様子などから，ビデオ教材の視聴には抵抗感はなく，学習者自身のペースで学習の習慣づけされつつあることが示唆された。

6 課　題

今後の課題としては，毎回の授業で採ったアンケートから（現在，分析中本章で

の掲載はしておらず),学習者の行動特性を把握し,教材開発に反映させていくこと必要であると考える。また,すでに,反転授業を取り入れた授業については,知識習得については一定の効果が得られたことが確認されたため(阿濱他, 2015b),今後は,反転授業を実施した学部(クラス)と従来の一斉授業とで講義を進めたクラスとの学習成果及び学習意識の比較を行い,反転授業が与える影響とその効果について,統計学的な観点より検証を行っていく必要がある。さらに,知識習得から実践へのつながる「学びの転移」の過程を見守り,習得された知識を活用へつなげる能力への解明を行っていく必要がある。

【引用・参考文献】
阿濱志保里他(2013).「高等教育一般教養科目における知的財産教育の試み―ワークシートを用いたアクティブラーニングの取り組み」『知的財産学会第 11 回学術研究会』
阿濱志保里他(2014).「知的財産学習における学習者の意識に関する一考察―質的分析を用いて」『産学連携学会第 12 回大会要旨集』, 0620C910-2.
阿濱志保里他(2015a).「高等教育における知的財産教育の全学必修化の実践―山口大学知的財産教育モデルにもとづいて」『知的財産学会 知的財産学会誌』**12**(1), 29-39.
阿濱志保里他(2015b).「大学における知的財産知識の定着を目指した Moodle を活用した反転授業の実践」『コンピュータ利用教育学会 研究報告集』**6**, 46-49.
一般財団法人 知的財産研究所(2015).「平成 26 年度 特許庁産業財産権制度問題調査研究報告書」〈https://www.jpo.go.jp/shiryou/toushin/chousa/pdf/zaisanken/2014_11.pdf〉(最終アクセス日:2015 年 9 月 24 日)
山口大学「共通教育ディプロマポリシー」〈http://www.epc.yamaguchi-u.ac.jp/DP_Y11.pdf〉(最終アクセス日:2015 年 9 月 24 日)

15 「大学病院のチーム医療スタッフ養成」における反転授業

「働き続けたい病院No.1」を目指した業務内教育

柴田喜幸

1 あらまし

産業医科大学病院では2011年度より，部門間の問題解決を担うチーム医療推進メンバー「医療連携アドバイザー」養成を集合研修およびeラーニングで行った。

しかし，メンバーは病院本務との兼務であり，研修参加が業務に支障をきたした。

そこで，2014年の第2期は業務離脱低減を企図し，集合研修を最大限eラーニング化および集合研修との有機的連動を図った。その結果，業務中の拘束は半減し，記述テストの得点は低下しなかった。また，本活動に対し病院機能評価において「S」評価を得た。

今後は，両媒体のさらなる構造化とパフォーマンス評価の測定・分析が課題である。

以下に授業の概要を示す（図15-1）。

- 授業・研修名：「医療連携アドバイザー」養成プログラム
- 区分：業務上の必須研修
- 対象者：本院勤務各部門にて指名された「医療連携アドバイザー」
- 役職など：概ね各部門の中堅
- 受講生の人数：第1期約40名　第2期4名
- 授業・研修の達成目標：役割に定義された能力の習得

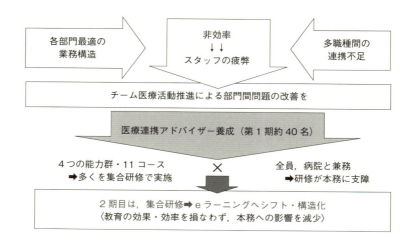

図 15-1　背景と取り組みの概要

2　背　景

　医療制度改正や医療の高度化に伴う業務の増大により医療現場が疲弊している。重ねて，院内各部門・職種はその役割や専門性ゆえに医療のプロセス全般や他の職種の実情を俯瞰的に把握できていない部分もある。そのため，多職種間でのスムースなコミュニケーションが十分とはいえない状況であり，連携不足による「非効率」がさらに業務負荷を増やしていることも稀ではない。

　この状況に対し，多種多様な医療スタッフが，高い専門性に基づいて目的と情報を共有し，業務を分担するとともに，互いに連携・補完し合い，患者の状況に的確に対応した医療を提供する「チーム医療」の実践が求められている。

　こうした中，文部科学省の「チーム医療推進のための大学病院職員の人材養成システムの確立」事業（文部科学省, 2011）の募集があり，本院はそれに応募，採択された。これは「大学病院において，専門職種の積極的な活用，他職種間協働の推進，効率的なサービスの向上を目的としてチーム医療や役割分担を推進する」とともに，「それに必要な各種医療スタッフの人材養成のための教育プログラムを開発・実践する大学病院を支援することにより，医療・生活の質の向上，医療スタッフの負担軽減，医療安全の向上を図る」というものである。

これは千載一遇の機会である。と同時に，チーム医療が唱えられてから久しいが，成功事例は寡聞にして聞かない。その原因として，当院を含む多くの病院で，各職場・職種はその使命と専門性のもと，精一杯の努力で職務にあたっており，現在でも「一貫した患者支援」を目指し個別には機能している。つまり「これ以上何を努力しろというのか」という意識が稀ではない。また，それまでの長い歴史の中での部門間・職種間の「わだかまり」も少なくなかろう。

こうした阻害要因にも留意しながら，設けられたのが，チーム医療推進メンバー「医療連携アドバイザー」（以下，アドバイザー）であり，その養成を企図したのがこの「アドバイザー養成プログラム」である（詳細後述）。

このアドバイザーに求められる能力を定め，これらの習得・向上教育を，1期生（医師・看護師・技師・事務職など14職種，約40名）には集合研修を中心に行った。

しかし，参加者は本務との兼務であり，研修会出席が本務への支障をきたしていた。そこで第2期生（4名）は，「効果の減衰なく，本務への影響を最小限にすること」を目的に改善を行った。ここで取り入れた考えが，反転授業をベースにした「eラーニングの多用と，集合研修への連動」である。

3 方法：プログラム全貌と反転授業への移行

● 3-1 医療連携アドバイザー養成プログラムのめざすもの

医療連携アドバイザーとは，各部門をまたぐ問題・課題の解決推進者であり，目指すビジョンは「働き続けたい病院No.1」，活動方針は「一貫した患者支援を実現する連携」とした。

チーム医療の推進には，緻密な情報連携を踏まえた高い調整力や実践力を有し，主体的に行動できる人材の養成が必要である。そこで，下記3点の実現を推進する人材の養成を教育の上位目標とした。

- 院内各部・診療部門間のボーダレス化
- それぞれの専門的視点から医療情報・患者情報を収集，これを統合・共有化
- 早期に患者が地域や職域へ復帰できるよう外来 – 入院を通しての支援

● 3-2 取り組みの実施体制

専従の事務局（看護師長1名，事務2名）と，コアメンバー（病院医師2名，教学医師・教員5名，看護師2名，事務5名）からなる医療連携アドバイザー養成担当（通称タスクフォースチーム：TFTと略す）は，病院長直轄のプロジェクトチームという位置づけとなった。また，諮問機関として病院と教学が一体となって取り組み，病院長1名，副院長2名を中心に，教学の教授3名，病院事務部長1名から成る医療連携アドバイザー養成運営委員メンバー7名を選出し，委員会を立ち上げた。次に，各職種のエキスパートによる多職種連携型教育担当メンバー13名，各職種の中堅職員（一部管理職を含む）から「医療連携アドバイザー候補」のメンバー35名の人選を行った。

本事業活動の中心的役割を担うTFT会議には，適時病院長・副院長の出席も得られ，組織全体への波及に大きな力を得た。またワーキングやチームカンファレンスを通して，メンバーにより繰り返された討議，検討，本音の語り合いを通じて，本事業に対するモチベーションの向上，意識の改善と各メンバーにある意識や認識のずれの共有，心のバリアーの改善を図ることができた。

● 3-3 第1期の概要（2012-2013年度）
1）必要能力の同定と教育プログラムの策定

アドバイザーは，慣習化・常態化した部門間の問題に疑問をもち，かつその本質を捉える「問題発見能力」と，発見した問題を利害関係が絡む他部門と調整しつつ解決する「問題解決能力」が求められる。それらを4分類した（表15-1）。

2）教育プログラムの作成

これらの能力要件を満たすために，4種の能力群を11の教育プログラムに落とし，集合研修（8コース）およびeラーニング（3コース）にて行った（表15-2）。

また，それらのプログラムを次のように分類した（表15-2分類欄）。

A：主に講義だけのもの（主に言語情報教育）
B：演習があるが，ネット上で実行が可能なもの
C：対面研修が必須なもの（主に情意教育や問題解決演習）

15 「大学病院のチーム医療スタッフ養成」における反転学習

表 15-1 アドバイザーに求められる能力

分類		能力表記
問題発見（finding）	F1	部門内・部門間の問題・課題を発見できる
	F2	部門内・部門間の問題・課題の本質を見極められる
問題解決（solving）	S1	関係者に協力を依頼できる
	S2	関係者と協力し，問題解決策の立案・実施ができる

表 15-2 第 1-2 期のプログラム内容と媒体

内容の凡例　L：対面講話，W：実習，C：択一式レポート，R：論述レポート，V：VOD 講話

大分類	No.	コース名	Hour	能力	分類	第 1 期 媒体	第 1 期 内容	第 2 期 媒体	第 2 期 内容
多職種連携型教育	T11	多職種間相互実務教育	14	F1,2 S1,2	B	集合	LWR	e	VR
	T21	コミュニケーション（卓越した他事業から学ぶ）	3	S1 S2	B	集合	LWR	e	VR
	T31	関係法規	2	F2 S2	A	e	VR	e	VR
	T41	チーム活動遂行手法（PDCA）	3	F2 S2	C	集合	LWR	集合	LWR
	T42	チーム活動遂行手法（ファシリテーション）	10	S1 S2	C	集合	LWR	集合	LWR
専門能力向上教育	S11	医療コミュニケーションA（隣接事業から学ぶ）	3	F2 S2	A	集合	LR	e	VR
	S12	医療コミュニケーションB（エニアグラムから学ぶ）	10	S1 S2	C	集合	LWR	集合	LWR
	S21	医療倫理	2	F1 F2	A	e	VC	e	LC
	S31	家族支援	2	F2 S2	A	e	VCR	e	LR
	S41	地域医療連携	2	F2 S2	A	集合	LWR	e	LR
患者同行	K	職種ごとグループに分かれ，患者同行	5	F1,2 S1,2	C	集合	W	集合	W

さらに，集合教育に参加できなかった者の学習や復習を行うことを鑑み，eラーニングのコンテンツ整備，iPad を利用した視聴環境の整備を行った。

3) 多職種間相互実務教育

教育プログラムでは，他職種を相互に理解するための教育やチーム内の全ての職種が身に付けておくべき共通の教育など，多職種の医療スタッフが連携して共通・合同の教育を行うことにより，部門・職種間の相互理解，連携を深めることを企図した。そのメインとなった多職種間相互実務教育について紹介する。

毎回1職種ずつ，メンバーが自分たちの仕事の概要説明，職種間連携上抱えている問題・悩みを発表，共有し解決策を全員で出し合うものである（14回実施）。産業医を含む院内すべての職種を実施し終了した後に，職種間連携上の問題解決の優先順位を各職種で決め，解決に向けての話し合いを医療連携アドバイザー養成担当（TFT）がファシリテーターとなり，問題を解決していくものである。

4) 理解度確認テスト

理解度テストは e ラーニングで行った。

言語情報のコース（分類 A）は，単純に知識問題の提供をした。それ以外のコースについては，学んだことを本院または自己の業務に適用，あるいは意思表明の設問を設け，知的技能，情意教育課題の確認とした。

● 3-4 第2期（2014年度）：反転授業への移行

1) eラーニングへの移行とブレンド化

表15-2 からも明らかなように，プログラムのうち 50 時間が集合研修であり，その間，業務を離脱しなければならないことは，医療現場にあってかなり厳しいものであった。当然に同僚に代務を頼むことから，部門によってはこの活動自体をネガティブに感ずる向きさえ出てきた。

そこで，学習時間・場所を任意に選択できるよう，第1期のうち分類 A と B を全て e ラーニング化した。また，C についても前提となる e ラーニングを学習したうえで受講するよう構造化・系列化の配慮をした。

2) 集合研修の「演習」の e 化への工夫

集合研修の中で，グループ演習を伴うものも e 化を進めた（表15-2 中，W印）。た

とえば集合研修の要諦であるグループ討議などの演習は，eラーニングのLMS「Moodle」を介し，自分の意見を投稿，それを講師や他の受講者とシェアすることにより代替とした。

また，残した集合研修には，e化したコースとの連動を意図的に試みた。

たとえば，「チーム活動遂行手法」（T41）は本章3-3-3）「多職種間相互実務教育」（T11）のe化版と連動した。「チーム活動遂行手法」は，部門間の問題を取り上げPDCAサイクルの計画を立案していく演習だが，それにあたっては，「多職種間相互実務教育」で紹介された各部門に起きている具体的な問題や悩みを素材して演習に取り組む，という具合である。

4 結　果

本活動で，約40名のアドバイザーが誕生し，部門間の問題の解決推進役としての体制が生まれた。副次的な成果として，以下の点などが挙がっている。

①他部門の業務内容・大変さ（思い）・状況（問題点）などの生の声を聞くことで以前より理解できたこと
②今まで言えなかった問題について発言する場を得ることができたこと
③話す機会が増え，親近感，仲間意識が生まれたこと
④他部門間の方と医療連携アドバイザーの会を通じて顔見知りが増え連携がしやすくなったこと
⑤他部門の人と良いコミュニケーションをとれるようになったこと

また，部門間の問題解決・成果については，以下の点などがあった。

①業務改善により業務の効率化となったこと
②それまでは諦めていたことでも，話し合えば改善できることがわかったこと
③職種間の壁が低くなったと感じること

その中で，本書の主題である「反転授業」に関係した主な成果は次のとおりである。

● 4-1 集合研修の時間数減少とその効果

第1期は8/11コース（48h）の集合研修が第2期には4/11（28h）と半減，業務の離脱時間の大幅な減少に繋がった。

参加者には病院長から，「業務の一環としての活動」であることを示す辞令交付があった。そのため，業務時間内に活動や教育を受けることが可能となっていた。しかしそれは反面，時間の調整や時間確保が困難であること，職場を離れることで他のスタッフに対して気が引けることや時間内に業務が終わらないことなどのネガティブな意見があった。

このことに対し，集合研修＝業務離脱時間が半減したことは，上記の課題に対し大きなインパクトとなったと考える。

但しその分，eラーニングによる学習は増えたわけで，総学習時間が大きく減ったわけではない。時間・空間の随意性を活用して，業務の少しの隙間時間に学習をすることが可能となった。

● 4-2 集合研修の時間数と理解度テストの比較

理解度確認テストの結果は表15-3の通りである。集合研修をeラーニングに置き換えたことにより，この範囲での学習効果減衰は認められなかった。

表15-3 第1-2期間のレポート点数の比較

	第1期	第2期	差
平均点	95.15	95.67	0.52
SD	5.28	2.08	-3.20

5 考　察

集合研修の講義部分をVODなどeラーニング化することで受講者の時間・空間の拘束を軽減することができた。また討議などもレポートを論述形式にする（グループ討議と類似の設問を問うなど）で，「集まらない」ことのデメリットをある程度補完することができた。但し，本評価は筆記テストの結果のみであり，活動アウトカムの両群の成果比較が必要と考える。

よく，「改善活動そのものの時間が負荷となる」という声を聞くが，本活動でも例外ではない。その負荷の総量は集合研修からeラーニング化・反転化しても大きく

減ずることはできないが，時間・空間の任意化による効率化や，業務離脱による心的負荷には貢献できたのではないかと考える。

今後の課題として，以下の点などが挙げられる。

> ①単なる講義の VOD から，よりインタラクティブなコースへの改訂
> ②問題発見・解決活動そのものにリンクする PSS 的機能
> ③より有機的な e ラーニングと集合研修の融合

また，個々のコースの単なる e への置き換えから，プログラムとの連動・構造化・系列化も検討していく。

文部科学省採択による本活動は 2014 年 3 月に事業は終了し，引き続き同年 4 月より，病院長直轄の医療連携推進チームとして活動の継続となった。第 2 期 4 名を加え，各部門のアドバイザーは，各職場・職種から出された各職場・職種間の連携の問題についての取り組みを継続している。

その課程で，本活動は公益財団法人 日本医療機能評価機構により行われる病院機能評価において，「S（秀でている）」の評価を得た。病院職員の勤務環境改善の実践的な取り組みが認められたのである。このことは，医療機関に携わる者にとっては大変誇らしいことであり，関係者一同，大いに喜ばしく自信のもととなった。これも，e ラーニング化，反転化を含めた，この数年の活動の改善あっての結果と考える。

また，新規のメンバーも 9 名から手が挙がり，関心の輪が広がっていることが想像できる。

この流れをさらに増幅させるためにも，反転授業を含めた効果・効率・魅力あふれる教育施策を実施していきたい。

●事前学習(全 11 コースのうち,7 コース)
① VOD 形式の e ラーニング講義を視聴
②レポート問題に取り組む
A 種:知識を問う問題
B 種:学んだことを,自己の職場・業務に翻訳する問題
C 種: web を介して自己の意見を他の受講者や講師と交換する問題

↓

●集合研修(全 11 コースのうち,4 コース)
(例:「チーム活動遂行手法研修」)
① e ラーニング「多職種間相互実務教育」の復習
事前学習に指定した上記 e ラーニング(各職種の抱える悩み・問題を当事者が説明したもの)を参考に「他部門とまたがる問題」を抽出
②個人作業(所定のフォーム使用)
・問題の本質の探究
・解決策と実行計画の立案
・阻害要因の抽出
③グループメンバーとの相互助言

↓

●実行:問題解決策の実施
①事務局を仲人とした,問題の相手部門のアドバイザーとの,問題解決活動解決の話し合いの実施と実践
②活動報告によるポイント積算で年度末表彰

●反転の効果と課題
・業務離脱時間の激減(同僚の負担も減少)
・集合研修の質の向上(事前学習との相乗効果)
・コンテンツの充実(双方化など)と,PSS 的機能が課題

図 15-2 反転授業の流れ

【引用・参考文献】
文部科学省(2011).「チーム医療推進のための大学病院職員の人材養成システムの確立事業」

16 医学部における反転授業

知識の活性化を目指して

西屋克己

1 はじめに

　日本の医学部（本章では医師養成過程としての医学部医学科を意味する）卒前教育においては，講義形態は伝統的に講義で教員が学生に基礎的知識を提供し，学生は自宅で復習や演習などを通して知識の定着をはかっていくものであった。また，学生の学びが，実質的に知識の評価を主とする医師国家試験の合格が卒前の最終目標となっている現状から，知識の習得を目標とした学習スタイルが医学生の一般的な学びの形態であった。このような学びでは，疾患ごとの理解（定義，症状，臨床検査所見，治療）は深いものとなるが，症状から鑑別診断を想起し，確定診断にいたるプロセスを考えていく臨床推論能力は身につくことが困難であった。

　これらの反省に立って，臨床推論能力や問題解決能力の習得を目指して1990年頃より，全国医学部にこれまでの講義に加えてPBL（Problem-based learning：問題基盤型学習）が導入されるようになった。PBLは1969年にMcMaster大学がPBL主体のカリキュラムを導入し，1986年にHarvard大学がNew Pathwayとして本格的にカリキュラムに採用したことによって世界に広まった（鈴木・加藤，2012：44-48）。医学部で行われているPBLは，症例のシナリオを用いて，そのシナリオの中から問題点を抽出し，その問題点を解決していく過程を通して臨床推論能力や問題解決能力を習得していくことを目的としている。PBLにおいては少人数（6-8名程度）の学生が主体となり，教員は知識を伝授するのではなく，チューターとして学生の議論のファシリテーターとして機能する。2010年の報告では日本の医学部の92.5％にPBLが導入されている[1)]。日本の医学部にPBLが導入されてから20年以上が経過し，学生の定員増にともなうPBLを行うための一定数の小教室やチュー

ター確保の問題，またチューターのファシリテーション能力の標準化などさまざまな問題がみられるようになった。

　2010年頃から，TBL（Team-based learning：チーム基盤型学習）が日本の医学部に導入されるようになった。TBLとは，1970年代後半にオクラホマ大学のマイケルセン（L. K. Michaelsen）によって考案された教育方略である（Michaelsen et al., 2004）。TBLは大人数にも適したアクティブラーニングの方略であり，①予習：教員が指定した教材の学生による事前学習，②講義における学生の予習準備確認：同一問題を個人テストおよびグループテストにより正解に到達するまで議論し，教員が適宜フィードバックを与える，③講義における応用課題：①②の学習過程で得た基礎知識を活用してグループで応用課題に取り組む，の3ステップから構成される（三木・瀬尾, 2011）。一人の教員でグループ分けされた大人数をコントロールし，かつ能動的に授業を進行できる優れた学習方略であるが，授業設計や準備が若干煩雑であり，全国の医学部に導入されるまではいたっていない。

　2012年ごろから新たなアクティブラーニングの方略として反転授業が日本の医学部で導入され始めた（西屋他, 2014）。反転授業の詳細は本書理論編を参考にされたいが，反転授業はeラーニングとアクティブラーニング型授業のブレンド型学習であり，PBLとTBLの要素を兼ね備え，しかも教員の大きな負担がなく講義を進行できる新たな学習方略である。日本の医学部は今後数年以内に，医学教育分野別評価を受審する必要があり，その評価基準にはアクティブラーニング型授業がカリキュラムに含まれていることが求められる（日本医学教育学会医学教育分野別評価基準策定委員会, 2015）。反転授業は今後，医学教育のみならず，さまざまな医療者教育に活用されることが期待される。本章では，医学部の授業における反転授業の導入例について解説し，あわせて今後の課題について考察していく。

2 香川大学医学部医学科のカリキュラム

　6年間のカリキュラムで構成されている（図16-1）日本の医学部のカリキュラムは，各大学のカリキュラムの全課程の3分の2を文部科学省が規定する「医学教育モデル・コア・カリキュラム」（モデル・コア・カリキュラム改訂に関する連絡調整委

---

1) http://www.tokyo-med.ac.jp/suishin/report/working_group/pbl_tbl.html（2017年4月6日閲覧）

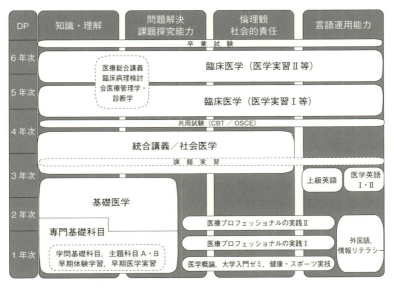

図 16-1　香川大学医学部医学科カリキュラム

員会他, 2011) に準拠することが求められている。香川大学医学部のカリキュラムも「医学教育モデル・コア・カリキュラム」にそったものとなっている。1年, 2年次は主に準備教育であり, 教養教育や, 生物学, 化学, 物理学などの専門基礎科目, 早期医療体験実習, プロフェッショナリズム教育などが配置されている。1年次には初級レベルの PBL が実施される。同時に2年時からは解剖学, 生化学, 生理学などの基礎医学講義・実習なども開始される。3年次からは基礎医学・実習に加えて臓器官別の統合講義が開始される。統合講義の期間中に臨床レベルの PBL が実施される。3年次後半には1か月間の基礎配属実習が行われ研究の一端にふれることとなる。4年次途中で全国統一の共用試験 (CBT：Computer Based Test, OSCE：Objective Structured Clinical Examination)[2] が実施され, 合格者のみが4年次3学期から開始される臨床実習に進むことができる。臨床実習は6年次まで実施され, 必修と選択の臨床実習で構成される。またこの期間に医療管理学・診断学, 臨床病理検討会など横断的な授業も展開される。6年次後半には卒業試験が行われ, 卒業判定が実施される。卒業が認められると, 医師国家試験受験資格が得られ, 合格する

---

2) http://www.cato.umin.jp (2017 年 4 月 6 日閲覧)

と初期臨床研修を開始することとなる。

カリキュラムにおけるアクティブラーニング型授業としては，PBLや各種実習（早期医療体験実習，基礎実習，基礎配属実習，臨床実習）が展開されている。講義はほとんどが従来型の形態であるが，一部の授業や臨床実習に反転授業が取り入れられている。

3 反転授業を導入した授業の概要

筆者は先述のカリキュラムにおいて，5年次に開講される「医療管理学・診断学」（週1回75分，通年，110名前後の受講）の授業を分担で担当している。平成25年度「医療診断学」の授業より反転授業をトライアル的に導入し，平成28年度は，15コマ中の5コマ（発熱，リンパ節腫脹，出血傾向，発疹性疾患，小児印象診断）に反転学習を導入している。10コマは別の教員が担当している。「医療診断学」は臨床推論の授業であり，主訴（症状）から医療面接で必要な情報，必要な診察や検査を考え，鑑別診断を想起し確定診断にいたるまでの思考過程を学習していく。学生はこれまで講義の中でさまざまな疾患について統合講義の中で学んできたが，この授業は横糸と縦糸をつむぎ，これまで学習してきた知識を活用して臨床推論能力や問題解決能力を育成していくことを目標としている。本授業においては，「症候から鑑別診断を考え確定診断にいたるプロセスを実践できる」，「様々な臨床推論方法から確定診断にいたるプロセスを実践できる」，そして「これまで得た医学知識を診断に活用できる（知識の活性化）」の3項目が到達目標となっている。評価は授業の出席と毎回の講義終了後のレポートで行っている。

4 反転授業を導入しようとした動機

大半の医学生の学習スタイルは，予習をすることなく講義を受け，理解不十分のまま講義を終え，試験前になると詰め込み型学習でなんとか試験を乗り切る，というものである。香川大学医学部医学科5年生を対象としたアンケートによると，授業前に予習を行う学生は20％前後であった。このような学習スタイルでは，学生は毎回の授業では授業内容の消化不良感を感じつつ，当座の試験を乗り切ることが目標となり，獲得した知識を活用した問題解決能力，臨床推論能力の育成は困難であった。反転授業では，予習を20分程度のインターネット上の動画で行うことにな

るが，これは現代の学生のライフスタイルに適応したものであり，予習動画の視聴はある程度受け入れられることが予想された．予習してきた上で対面講義において実際の症例をもとに臨床推論の学習を能動的に行うことにより，予習してきた知識が対面講義で活用され，講義の理解が深まり，臨床推論能力や問題解決能力が育成されると考えた．以上の理由により，「医療診断学」の授業に反転授業を導入するという考えにいたった．

5 反転授業の方法

● 5-1 事前学習

1) 予習動画の作成

症候ごとに定義，鑑別診断や検査法などの基礎知識に関する 15–20 分の予習動画を作成した．動画作成ソフトは使用せず，紙芝居形式でパワーポイントの画面に音声を入れ込む形で動画を作成した．作成した動画は MP4 形式で保存し，医学部のサーバーにアップロードした．この方法だと場所を選ばず，PC とパワーポイントさえあれば動画を作成することができる．音声の収録は，大学の研究室で行っていたが，わずかな騒音が入るため，楽器演奏用の簡易防音室を学内に設置し，防音室内で収録している．

2) 予習動画の視聴

香川大学医学部教育センターのホームページにアップロードされた予習動画は，ID，パスワードを入力することにより，学生はいつでもどこでも視聴することができる．MP4 形式で動画が作成されているため，PC のみならずタブレット端末やスマートフォンでも予習動画の視聴が可能である．スマートフォンでも視聴されることを考慮し，パワーポイントの画面は内容が細かくならないよう配慮している．平成 29 年度より医学部内に LMS（learning management system）を導入し，授業ごとに予習動画がアップロードできるように整備した．

3) チェックテストへの解答

予習動画の最後には動画内容のチェックテスト（図 16-2）が組み込まれており，学生はチェックテストに解答する．動画では正解は示していない．

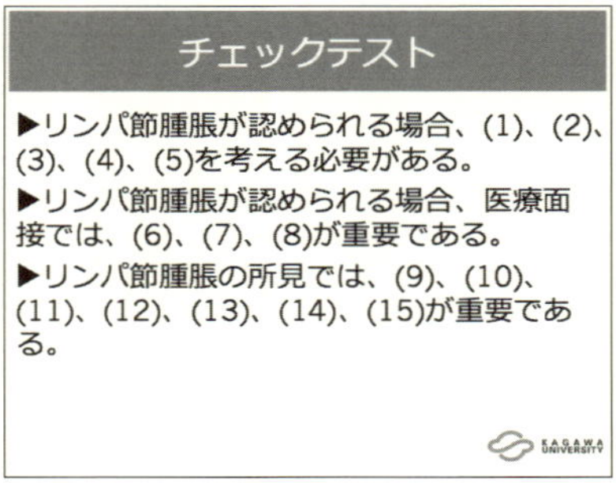
チェックテスト
▶リンパ節腫脹が認められる場合、(1)、(2)、(3)、(4)、(5)を考える必要がある。
▶リンパ節腫脹が認められる場合、医療面接では、(6)、(7)、(8)が重要である。
▶リンパ節腫脹の所見では、(9)、(10)、(11)、(12)、(13)、(14)、(15)が重要である。
KAGAWA UNIVERSITY

チェックテスト

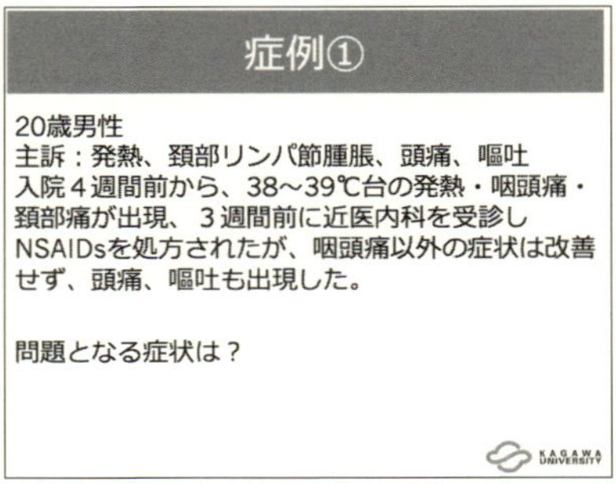
症例①
20歳男性
主訴：発熱、頸部リンパ節腫脹、頭痛、嘔吐
入院４週間前から、38～39℃台の発熱・咽頭痛・頸部痛が出現、３週間前に近医内科を受診しNSAIDsを処方されたが、咽頭痛以外の症状は改善せず、頭痛、嘔吐も出現した。
問題となる症状は？
KAGAWA UNIVERSITY

症例提示

図 16-2　予習動画と対面講義のスライドの一例

● 5-2　対面授業（75 分）

1）予習動画の振り返り（10 分）

学生に解答させながらチェックテストの正解を確認していく。この振り返りの時間は動画の予習を行っていない学生への対応をかねている。

2）症例検討（3 症例：60 分）（図 16-2）

1 症例あたり 20 分で検討を行っていく。グループワークは行わず，教員が教室を周回しながら学生と対話形式で症例検討を進行していく。学生に対し教員はどんどん発問していき，学生の知識の確認，症例に対して考える時間を設けている。症例検討はシナリオ形式で行われ，症例に対して鑑別診断に必要な医療面接，診察所見，検査，確定診断，治療などの問いがシナリオに織り込まれていて，実際の診療現場での医師の思考と同様にして症例にアプローチしていく。症例検討の後には，その疾患に関してミニレクチャーを行い知識の定着をはかっていく。

3）振り返り（5 分）

その日の Take-home message を簡単に示し講義を終了する。

● 5-3　復　　習

1）予習動画の再視聴

サーバーに予習動画が残してあるため，理解が不十分な学生には予習動画の再視聴を促している。

6 反転授業に対する学生の反応

平成 28 年度「医療診断学」において反転授業を経験した学生 103 名に対してアンケート調査を実施した。アンケートの回収率は 85％であった。

● 6-1 予習動画の予習状況
3 回の反転授業における予習動画の予習率は平均 80％であった。

● 6-2 反転授業に対する学生の意識
反転授業に対する学生の意識に関して，5 段階リッカート尺度（1：全く同意しない，5：全く同意する）による回答を得た。「反転授業により授業への興味や学習意欲が高まりましたか。」という問いに対する平均スコアは 4.4 ± 0.5（平均 ± SD）であった。「予習動画で得た知識は授業で生かされましたか。」という問いに対する平均スコアは 4.4 ± 0.5 であった。

「反転授業の授業形式は授業内容を自ら学んでいくきっかけになりましたか。」という問いに対する平均スコアは 4.3 ± 1.3 であった。いずれのスコアも高値であり，学生は反転授業に対して肯定的に捉えていることが示唆された。

● 6-3 アクティブラーニング型授業に対する学生の認識
「反転授業の授業形式は大学の授業にどれくらいとりいれたいですか。」という問いに対しては平均 60％取り入れたらいいという回答があった。また，平成 26 年度の 5 年生に行ったアンケートにおいて「PBL の授業形式は大学の授業にどれくらいとりいれたいですか。」という問いに対しては平均 49.5％取り入れたらいいという回答があった（香川大学医学部では全カリキュラムにおける PBL の導入は 5％以下である）。両者のスコアは高く，学生は反転授業を含めたアクティブラーニング型授業をカリキュラムに求めていることが推察された。

7 考　察

今回，筆者は医学部における反転授業の実践報告を行ったが，反転授業の方法，アクティブラーニングとしての反転授業，そして医療者教育における反転授業の 3 点について考察したい。

● 7-1 反転授業の方法

　予習動画の予習率は平均80％と比較的高い数字となった。学生にとっては新しい授業方法であり珍しさもあり高い予習率になったのかもしれない。複数の授業で反転授業が導入される場合，学生の負担が増加する可能性があるため，カリキュラム全体の中での反転授業の位置づけを考慮する必要がある。予習をしてこない学生に対してどのような対策をとるのかは大きな課題である。今回の実践例では授業での告知および授業前，学生のメーリングリストへの告知により比較的高い予習率を得た。他学ではかなり強い促しを行っている例もある（昆他，2015）。予習率の向上，および予習をしてこない学生に対する対応は重要な検討課題である。今回の予習動画はパワーポイントの画面に音声を入れた紙芝居形式のものであったが，学生から不満の声はあがらなかった。医学部の講義はパワーポイントを使用した形態が主であるため学生はそれほど抵抗を感じなかったかもしれない。学内において反転授業を普及させるためには，教員にとって予習動画作成のハードルをどれだけ下げるかが一つの鍵になると考えられる。いつでもどこでも簡単に予習動画が作成できるシステムを学内に構築する必要がある。また，学生が予習動画をいつでもどこでも，そしてどのデバイスでも視聴できる環境づくりも重要である。香川大学医学部1年生および5年生に対する調査によると，1日のスマートフォンやタブレット端末を含めたインターネット視聴時間の平均は約3時間であった。学生に対して，「3時間のうち20分だけ勉強時間にさけないか」と問うと大方の学生は賛同する。いまやインターネットは学生の生活の一部であり，「インターネットの予習動画」の視聴は学生のライフスタイルに適応したものである。特に医学部ではタブレット端末を所持している学生が多く，スマートフォンを含めた様々なデバイスでも視聴できるような予習動画を作成することが重要である。また，今回の予習動画はサーバーにMP4ファイルをアップロードした簡易なものであったが，今後，学生の予習動画へのアクセス解析やチェックテストの履修状況なども検討する必要がある。予習動画のチェックテストは予習を効果的に進める上で重要である。チェックテストがあると学生は目的を持って予習動画を視聴し学習効果が上がる。チェックテストの回答システムがあれば予習の中で完結するが，対面講義におけるチェックテストの答え合わせや小テストを実施することも予習の知識を確認する上で有効である。

　対面講義においては，グループ学習ではなく教員が学生に発問をくりかえしながら対話的に症例検討を行った。一人の教員が100人以上の学生の学習をコントロールするのは難しく，そもそも授業に参加せず他の勉強をしている学生も散見された。

医学部での反転授業における対面講義は様々なバリエーションが考えられる。重要なのは「学生が考える時間」と「他者の学びから自らの学びを振り返る時間」をつくることにある。グループ学習はもちろんであるが，バズセッションを設けたり，ジグゾー法をとりいれたり，様々な仕掛けを設けて，知識の内化と外化（エンゲストローム，2010）が往還される対面講義を展開していく必要がある。

　「医療管理学・診断学」の評価は出席と毎回の講義終了後のレポートで行っている。しかし，この評価では信頼性・妥当性が担保されているとは限らない。山内らによると反転授業は「完全習得学習型」と「高次能力学習型」に分類されている[3]。「医療診断学」の授業は，臨床推論能力や問題解決能力の育成を目的としており，「完全習得学習型」から「高次能力学習型」まで幅広い内容を包含している。したがって，今後，学生の深い学びを評価するため，臨床推論の過程を問う論述試験や，授業での学びに関してのポートフォリオ評価を行い，さまざまな角度から総合的に学生の能力を評価する必要がある。

● 7-2　アクティブラーニングとしての反転授業

　反転授業に対する学生の意識に関してのアンケートを行ったが，「その授業への興味や学習意欲が高まりましたか」という質問は，「学習のレディネス」，「予習用動画で得た知識は授業で生かされましたか」という質問は「予習した知識の講義での活性化」，そして「反転授業の授業形式は授業内容を自ら学んでいくきっかけになりましたか」という質問は「自己主導型学習の導入」に関連したものと考えられる。アンケート結果から，学生は反転授業を行うことによりこれらの三つの項目が身につくと認識している。「学習のレディネス」，「知識の活性化」，そして「自己主導型学習」はアクティブラーニング型授業を繰り返すことにより身につく能力である。したがって，反転授業により学生がこれらの能力を習得したかを評価するためには，詳細な検討が必要である。

● 7-3　医療者教育における反転授業

　2012年に発表された，*NEJM*（*The New England Journal of Medicine*）におけるプローバー（C. G. Prober）らの論文 Lecture halls without lectures: A proposal for medical education（Prober & Heath, 2012）により，反転授業は全世界の医学教育者

3）http://flit.iii.u-tokyo.ac.jp/seminar/20140212-2.html（2017年4月6日閲覧）

の知るところとなった。その後，反転授業は世界的に拡がりをみせ，世界最大の医療者教育の学会であるヨーロッパ医学教育学会において，反転授業に関する演題数は年々増加している。日本においても反転授業は医学領域のみならず（西屋他, 2014；浅田, 2014），歯学（若林, 2015），薬学，看護学（佐藤他, 2013），理学療法領域（小野田他, 2016）など医療者教育において導入され始めているが，論文は少なくエビデンスの集積が待たれるところである。

　医学部ではモデル・コア・カリキュラムの影響もあり，1コマあたりの授業時間を減らして，1日あたりの授業コマ数を増やしている。したがって，反転授業を導入することにより，学生の学習時間に予習動画の視聴が加わるため，対面講義の時間を有意義に活用することが可能になる。現代の医学教育においては，知識の伝達だけでなく，その活用の仕方，すなわち臨床推論能力や問題解決能力を育成する必要があり，その教育方略として，反転授業において予習動画の視聴で学生の知識を標準化し，対面講義において，予習動画で獲得した知識を活性化することは有効である。医学部のカリキュラムにおいて反転授業が活用できる講義・実習は多岐にわたる。通常の講義の一部に反転学習を取り入れることにより，講義はアクティブラーニング型授業となり学生の深い学びを得ることができる。特に症例ベースの講義を行う場合，予習動画で知識の確認を行うのは非常に効果的である。また，さまざまな実習においても，あらかじめ予習動画で実習の説明を行っておけば，実習の理解も深まる。昆らは実習に反転授業を導入することにより，予習動画で手元や足元なども詳細にデモンストレーションができ，授業でのデモンストレーションよりも効果的であること述べている（昆他, 2015）。反転授業は実際の医療現場での教育にも活用できる。あらかじめ知識や手技の予習動画を作成しておき，その動画を研修医が視聴した上で，シミュレーションや実際の手技を行うと研修医の学びは深くなる。また，病院で行われる病院感染や医療安全の研修会などにおいても，あらかじめ予習動画で知識の確認を行い，実際の研修では事例検討を行えば，より効果的な研修となる。

8 おわりに

　医学部の卒前教育において知識の獲得は必須のことである。知識の内化の過程において，従来型の講義を捨て去ることはできないであろう。その上で，学生が獲得した知識を臨床現場で活用できるようにする，すなわち知識の活性化の訓練が必要である。PBL，TBL，反転授業など様々なアクティブラーニングの方略をカリキ

ュラムの中で有機的に活用し，臨床現場で知識を活用できる学生を育成していかなければならない。

【引用・参考文献】
浅田義和（2014）．「シミュレーション医療教育における反転授業形式の活用」『日本シミュレーション医療教育学会雑誌』**2**, 57-59.
エンゲストローム, Y. ／松下佳代・三輪建二［訳］（2010）．『変革を生む研修のデザイン——仕事を教える人への活動理論』鳳書房
小野田公・糸数昌史・久保　晃（2016）．「理学療法学分野への反転授業の導入時の問題と対応」『理学療法科学』**31**, 565-569.
昆　恵介・清水新悟・小林俊樹・敦賀健志・村原　伸・早川康之（2015）．「義肢装具養成校の製作実習における反転授業を取り入れた教育効果」『PO アカデミージャーナル』**23**, 133-139.
佐藤亜紀・松岡智恵子・波田哲朗（2013）．「反転授業と産学連携によるコンテンツ制作の実際」『臨床看護』**39**, 1463-1469.
鈴木康之・加藤智美（2012）．「問題基盤型学習」岐阜大学医学教育開発研究センター［編］『日本の医学教育の挑戦』篠原出版新社，pp.44-48.
西屋克己・住谷和則・岡田宏基（2014）．「医学教育における反転授業トライアル」『香川大学教育研究』**11**, 107-112.
日本医学教育学会医学教育分野別評価基準策定委員会［編］（2015）．『医学教育分野別評価基準日本版』Ver.1.30
三木洋一郎・瀬尾宏美（2011）．「新しい医学教育技法「チーム基盤型学習（TBL）」」『日医大医会誌』**7**, 20-23.
モデル・コア・カリキュラム改定に関する連絡調整委員会・モデル・コア・カリキュラム改定に関する専門研究委員会［編］（2011）．『医学教育モデル・コア・カリキュラム平成 22 年度改訂版』
若林則幸（2015）．「アクティブラーニングの一手法としての反転授業」『口腔病学会雑誌』**81**, 1-7.
Michaelsen, L. K., Knight, A. B., & Fink, L. D. (eds.) (2004). *Team-based learning: A transformative use of small group in college teaching*. Virginia: Stylus Publishing
Prober, C. G., & Heath, C. (2012). Lecture halls without lectures: A proposal for medical education. *The New England Journal of Medicine*, **366**, 1657-1659.

【参考ウェブサイト】
http://www.cato.umin.jp（2017 年 4 月 6 日閲覧）
http://flit.iii.u-tokyo.ac.jp/seminar/20140212-2.html（2017 年 4 月 6 日閲覧）
http://www.tokyo-med.ac.jp/suishin/report/working_group/pbl_tbl.html（2017 年 4 月 6 日閲覧）

17 学修支援者としての大学職員育成における反転学習プログラム

竹中喜一

1 はじめに

　大学において，学生の学力や学修経験の多様化への対応が問題視されている（ベネッセ教育総合研究所, 2014）。各大学では組織的にさまざまな学修支援に取り組んでいるが，今後これらの問題解決を図るために，日常的に学生と接する個々の教務系職員にも，これまで以上に学修支援者としての役割が期待される。筆者は教育・学修支援担当の大学職員だが，学修支援がきっかけで，目標に向かって果敢に挑戦し，日々成長するようになる学生を目の当たりにすることがある。学修支援は，学生の成長の一要因にすぎないとはいえ，適切な学修支援が，大学での学びに影響を与えることは明らかである（ベネッセ総合教育総合研究所, 2015）。しかし，学修支援の成功（または失敗）要因や，成功へと導くために必要な能力については明らかになっていない。したがって，現状は，学修支援に必要な能力育成を十分行われているとはいえないだろう。

　そこで，教務系職員の学修支援能力向上に資するOff-JT（Off the Job Training）研修プログラムを開発した。先述の理由から，学修支援に必要な能力の特定は困難であるが，日常業務の中で適切な学修支援を行うためのいくつかのセオリーが存在するのではないだろうか。このようなセオリーを追求し，その実践に資するための能力育成を行える研修プログラム（以下，研修）を開発することが最終目的である。それでは，適切な研修とは何か。現状では，それが明らかになっていないため，研修の実践を通した事例の蓄積と，研修そのものの改善を繰り返すことが必要であると考える。これは，いわゆる「デザイン実験アプローチ」（Brown, 1992）による職員の能力育成（SD：Staff Development）プログラム開発といえる。本章で取り扱うのは，

その第一歩に位置づけられるものである。

2 研修の概要

本研修は，学生数2万人以上の大規模私立A大学教務系職員22名（新入職員−課長補佐級）を対象に，2015年5月–6月にかけて実施した。A大学では，長期行動計画の中で「教職協働による教員・職員の教育力開発」や「学習支援制度の充実」を掲げており，本研修の目的とする能力育成は全学的なミッションといえる。研修タイトルは「学修コンシェルジュ育成プログラム」であったが，これは，学生個別のニーズに対応できる学修支援を行える能力を育成することを狙いとしたためであった。

業務に役立つ研修デザインを行うために，A大学教務系職員の窓口対応に対する実態調査を行った。調査目的は，受講者のニーズを把握することと，リアリティの高い教材作成のヒントを発見することであった。調査の結果，受講者の「上司や先輩の学生対応の実践事例や手法」を知りたいというニーズが明らかになった。そこで本研修では，各受講者の学生対応における自身の信念や行動方略を言語化し共有できることを，基本コンセプトとした。そして，受講者が直面しうる学生対応の方略や対応の基となる考え方の多様性を知り，場面に合った方法を選択できることを目的として設定した。本研修を通して，受講者が学修支援における新たな気づきが得られるかどうか，そして実際の学修支援に活用できるかどうか，といった点が研修目的の達成度合いを評価する指標となる。

3 職員向け研修と反転学習

A大学では，これまでにもOJT (On the Job Training) を中心とした教務系職員対象の研修が行われてきた。たとえば，学生対応事例の共有や，他部署の業務に関する勉強会などが挙げられる。いずれも，知識や態度のインプットを重視する一方で，それらのアウトプットを伴う内容には至っていなかった。したがって，修得した内容をどう活用するか，その内容自体を正しく理解できているのか，といった点については，受講者の判断に委ねられていた。この点が，従来の研修における最大の課題であったと考えられる。

このような課題解決に有効な方法が，反転学習の要素を導入することではないかと考えた。反転学習でSDを行った事例は，管見の限りほとんどみられない。しか

し，反転学習は，「「教える」と「学ぶ」の双方をデザインできる大きなフレーム」（森，2014）であり，「個人の産物である〈わかったつもり〉を，他者との相互作用の中での揺らぎや躊躇を通じて，再度，自らの〈わかった〉を再構築していく」普遍的な学習モデル（森，2015）と位置づけられるという。これらの点において従来の研修で課題となっていた，修得した知識や態度の活用や適切さの確認といった点を解決できるのではないかと考えた。

ただし，本研修では先述した目的を達成するために，通常の反転学習と流れを変えた。通常の反転学習では「知識修得（事前学習）➡知識の活用・再構成（対面学習）」といった流れで進む。しかし，本研修では事前学習を，学修支援における信念やそれに基づく自身の行動方略（〈わかったつもり〉にあたる部分）を確認する段階と位置づけた。その後，対面学習において，事前学習で確認した信念や行動方略を基に他者と議論することで，〈わかったつもり〉が揺らぎ，熟達者（＝教務系の業務歴が長い管理職）のコメントなどに基づき，〈わかった〉を再構築する。以上が，研修全体の流れである。

ここで注意したいのは，「〈わかった〉の再構築」＝「信念の変化」ではない。信念が正しいと確認できることや，学修支援における行動方略の選択肢を増やすことも〈わかった〉を再構築したことになる。研修受講前と比べて，状況に応じた学修支援を行うための適切な判断を行えるようになるのであれば，その手段や過程は問わないという考え方である。

なお，本章では受講対象が社会人である大学職員に限られることから，反転授業ではなく，反転学習という用語を用いることとする。

4 反転学習の方法

● 4-1 教材の作成

教材の作成にあたりA大学教務系職員に対し，学生対応の成功・失敗体験，保護者や教員対応の困難な点を調査した。それらの結果を踏まえて，リアリティが高いと思われる以下のケースシナリオを作成し，これを，本研修で用いる教材とした。

> あなたは，××学部の教務担当者です。主に時間割編成や試験・成績に関わる業務を担当していますが，日常的に履修や休退学に関連する学生対応も行います。
> ある年度末，1人の3年生が，「留学とダブルスクール（ダンスの専門学校）を考

> えており，それらの資金を貯めるアルバイトも行いたいから休学したい」と申し出てきました。
> 　当該学生は，AO入試で入学。一人暮らしで奨学金を受給しています。また，学園祭の実行委員も務めています。成績については，語学など必修科目を数科目残し，GPAは年々下がり気味といった状況です。また，4年生になると卒業論文の執筆も控えています。

　このような学生に対し，大学職員としてどのように対応すべきか。届出様式を渡すだけでよいのか。どこまで学生の事情に踏み込むべきなのか。答えは一つではなく，意見が分かれるだろう。言い換えると，さまざまな学生対応の方略や考え方を知りうるような，研修目的に合致した教材ということになる。

　なお，教材作成にあたっては，リアリティを高めるために，A大学の教務窓口を使い，実際の教務担当者と学生が対話する様子を撮影した。ちなみに，教材のテーマ選定でもリアリティを追求していたが，その根拠はケラー（J. M. Keller）が提唱するARCSモデルにある（Keller, 2009）。受講者の注意（A：Attention）を引き，関連性（R：Relevance）を高める仕掛けを作ることにより，学習意欲を高めることが狙いであった。

　また，編集後のシナリオ修正や，複数シナリオの作成にも柔軟に対応できるように編集した。具体的には，対話の様子を写した静止画を，セリフの流れに合わせて表示させるように編集し，動画を作成した。たとえば，セリフの修正があっても，該当の静止画表示時間を調整すれば，音声の吹き込み直しのみで（出演者全員が揃わなくても）再編集可能となる。なお，将来的に専門知識を有する人材や専用機材が無い環境でも教材作成が行えるように，撮影や編集は可能な限り容易に行えるようにした。具体的には，撮影は市販のデジタルカメラ（Nikon EOS D5000）を，編集は「Windows Live ムービーメーカー」を用いて行った。

　図17-1は，研修全体の流れを示したものである。以下では，それぞれの内容について詳細に説明する。

● 4-2　事前学習フェーズ

　事前学習の内容は，先述のケースの動画閲覧と，その内容に関する設問への回答であった。所要時間は20分程度とし，受講者の負担が最小限となるよう配慮した。以下では，具体的な事前学習の流れを説明する。

　まず，受講者は，講師からのメールによる案内に基づき，学内者限定で使えるオ

17 学修支援者としての大学職員育成における反転学習プログラム　201

●事前学習（所要時間20分）
①2分の動画閲覧
学生の休学相談に対応する教務系職員の様子を閲覧。
②設問への回答
動画の内容について，教務系職員として「望ましい結果」や「参照するデータの有無」を問う設問に回答。同時に，動画教材の適切さを問う設問にも回答。

↓

●対面学習（所要時間90分）
①趣旨説明（5分）
教務系職員が学修支援者として期待されている背景や研修目的の説明。
②動画閲覧（3分）
事前学習で閲覧したものと同じ動画を閲覧。
③グループ分け及び個人ワーク（10分）
教材の学生を「休学させるべきかそうでないか」について，いずれかの立場に立ち（どちらの立場かは講師側が振り分け），自身の立場を肯定する意見や想定される反論を個人で考察。
④同じ立場同士で議論（10分）
自身の立場を肯定する意見や想定される反論を，同じ立場のメンバー間で議論。
⑤異なる立場同士で議論（20分）
異なる立場に立つ受講者が，それぞれ1–2名ずつのグループ（合計3-4名）を組み，休学させるべきかそうでないかについて議論（必ずどちらを選択するか結論を出す）。
⑥個人ワーク（10分）
個人の意見として，休学させるべきかそうでないかについて考察。
⑦全体共有（10分：3グループ×約3分）
異なる立場同士での議論の流れと結果をグループごとに発表。
⑧熟達者（課長以上の管理職者）コメント（10分）
熟達者が，教材の場面や学生対応で重要だと思う点をコメント。
⑨個人ワーク・アンケート記入（12分）
最終的な個人の意見や，新たに気づいた点を記入。

図 17-1　研修全体の流れ

ンラインストレージ（学外からも閲覧可）にアップロードされた動画を閲覧した。動画閲覧後，学内者限定のアンケートシステムを用いて，ケースに対し，「望ましい結果はどのようなものですか」「望ましい結果を導くために参照するデータはありますか」といった設問に回答した。同時に，教材の適切さに関する設問にも回答した。

　以下では，受講者が「望ましい結果」とした回答の分析結果を一部紹介する。回答で出現数の多かった語（表17-1参照）を含む文を見ると，テーマとなる「休学」が最も多く出現しており，続いて「卒業」「学生」「確認」「相談」といったものが

表 17-1 「望ましい結果」に関する記述で出現数が多かった語（上位 30 語）

休学（35）、卒業（14）、学生（13）、確認・相談（各 10）、理由（9）、在学・思う・状況・単位（各 8）、自分・修得・説明（各 6）、可能・活動・就職・尊重・履修（各 5）意思・科目・計画・考える・奨学・将来・必修・必要・本人・良い（各 4）

※事前学習を行ったのは 17 名（22 名中）。（　）内は，出現数。総抽出語数は 1,687，異なり語数は 397。

並んだ。ここから，教務系職員が休学相談を受けたときに意識していることが読み取れる。たとえば，「卒業後の就職」「単位の修得や履修に対する意識の確認」「学生の意思尊重」「家族や留学担当部署などへ相談したかの確認」などである（下線部は，表 17-1 にある語）。これらは，実際の対応でも意識していることだと考えられるが，受講者によって異なっていた。また，休学させるべきかそうでないかという点や，そのように判断する理由についても異なっていた。このような結果については，対面学習での議論をデザインする際の参考とした。

● 4-3　対面学習フェーズ

対面学習では，教材のケースに関する他の受講者の行動方略や考え方を共有し，議論することにより，新たな気づきを得ることを目的とした。管理職者との調整の結果，対面学習は 2 回に分けて行い，1 回目は事前学習開始日（教材公開日）の 1 週間後，2 回目は 2 週間後に実施することとした。受講者はそれぞれ 11 名ずつであった。

また，業務時間内に行うことになったため，窓口対応が集中する休み時間の業務に極力支障がないよう，所要時間は 90 分に収まるよう設定した。90 分の構成は，図 17-1 の通りである。以下，詳細について説明する。

まず，研修の趣旨・目的や流れについて説明を行った後，議論の前提となる状況を確認するため，事前学習と同じ動画を閲覧した。

その後，グループに分かれて「教材で取り上げた学生を「休学させるべき」か「休学させるべきでない」か」をテーマとして議論することの説明を行った。いずれの立場に立つかは，受講者の本心と関係なく講師側で振り分けた。受講者は，同じ部署の上司部下または先輩後輩で構成されるため，本心に基づく議論を行うと，人間関係に影響を及ぼす可能性が想定されたためである。

いずれかの立場に立った受講者は，自身の立場を肯定する根拠と理由，想定される反論を個人で考えた後に，同じ立場のメンバー間で意見を共有した。これはジグ

ソー法でいう「エキスパート活動」である。同じ立場の他者から，新たな気づきを得ることが狙いであった。

続いて，反対の立場に立つ受講者同士でグループを組み，議論を行った。議論のルールは，「最後にグループとしての結論（休学させるべきか否かのいずれか）を出すこと」「最初に「休学させるべき」立場から考えを述べること」の2点であった。それぞれの立場から1-2名ずつ，合計3-4名が一つのグループを組み議論が行われた。講師はファシリテーター役を務め，適宜受講者の質問に答えたり，議論を促す質問を投げかけたりした。

議論終了後，受講者はここまでを振り返り，個人的な意見として休学させるべきかどうかを，自由記述形式のワークシートに記入した。この記入内容により，個人的な意見の変化があったかどうかを自覚することができる。

ワークシート記入後に，各グループの結論や議論の過程を全体で共有し，その後に，熟達者である管理職者からのコメントを紹介した。予め，講師が熟達者4名に，教材の場面や学生対応で重要だと思う点をインタビューしていた内容をもとに講師が解説した（図17-2は，解説時のスライドの一部である）。このようにすることで，管理者とのスケジュール調整を省力化し，コメントの要点を絞って伝えることが可能となる。もちろん，当日同席した熟達者には適宜コメントしてもらった。

最後に，「受講前と意見が変わったか」「新たに得られた気づきは何か」といった問いを設けたワークシートに記入してもらった。これにより，受講者が得られた新たな気づきを確認することができた。

熟達者のコメント（1） 学生と向き合う。学生のために，大学のために。	熟達者のコメント（2） 抽象を具体に。職員の強みを活かして。
・学生の意見が大雑把なので，詳細を聞くことが必要 ・どれだけ本気なのかを気づかせる 　→考えていることを話させる，書かせる 　　考えている進路の厳しい現実を伝える（←予備知識は教養として必要） ・休学＝「よほどの事情」であることを認識 　→就活への影響，復学後の学業への支障 ・在学しながらでもできることはある 　→認定留学，SA／LA，ボランティア活動… 　　いろいろな人と関われる，変わる？人付き合い不足では？ ・学内サービス（他部署がやっていること）をすぐ紹介 　→職員は，担当者の紹介やサービスの概要を知っておく ・意欲的な点を，ほめる・励ます 　→相談に来れる時点で評価すべき（最悪の状況ではない） ・何回でも来てもらうよう促す 　→詳細を聞き，学生の問題解決につながるかもしれない 　→学生のため＝大学のため，自分（職員）のため　という意識	・最後は本人の意思次第だが…予定を具体化させる必要がある ・優柔不断な学生への決断を促す 　→区切り（デッドライン）の提示 　　（学費納入期限，延納，分納のタイミング，など） ・「卒業」の優先順位や重要性は高めてもらう 　→芸能人は大学卒業が必要でないが…なぜ重要かを説明できるように ・現実（本人が気づいていない）を気づかせる，考える材料を与える 　→残りの単位は？ 　　親の理解も必要，経済事情も考慮（20歳を超えているとはいえ） 　　大学要覧やハンドブックを学生と一緒に見て，確認 ・判断材料を渡してあげる 　→直近の就活状況や留学事情などを知っている＝若手の強み 　　ただし，答えられる範囲で。無理はしない（専門部署を紹介） ・進路が明確になった際，具体的な障害がわかった 　→障害の原因が学内の制度上の問題であれば，制度の抜け道を紹介することもOK（ただし，平等性に気をつける） ・職員の強みは，大学制度のメッセンジャーであること 　→知識をフル動員し，学生のリスクを減らし，目標の実現可能性を高める

図17-2　熟達者のコメント（イメージ）

5 実施結果

対面学習のワークシートから受講者は，①学生対応における意識変容，②学生対応における考え方の整理・確認，③学生対応における知識・能力の必要性，の3点について新たな気づきを得られていたことが明らかになった（表17-2参照）。特に，「学生の意思尊重」に対する考え方や，学生との対話の必要性，学内サービスや制度に関する知識の必要性に関する気づきが得られたという回答が多かった。また，熟達者のコメントが意識変容に影響を与えることも示唆された。

次に，教材の適切性について考察する。事前学習の際，受講者には教材のような場面への，①対応頻度，②対応能力の必要性と，③教材の難易度の3点を質問していた。その結果は表17-3の通りである。①については，53％の受講者が「よくある」または「たまにある」という回答であった。②については100％の受講者が必要と考え，③については「少し難しい」との回答が最も多かった（65％）。

同じ教務系窓口でも，業務内容が担当者によって微妙に異なる（たとえば，特定学部・研究科担当や専門職大学院担当と庶務担当）ことから，対応頻度にばらつきがあったと考えられる。それにもかかわらず，総じて対応能力の必要性は高く，難易度がやや高めという評価が得られた。したがって，教材は受講者のニーズを満たし，効果が期待できるものであったと考えられる。

表17-2 受講者が得た気づき（個人ワークで記入したシートより抜粋）

① 学生対応における意識変容
・あまり踏み込んだ話をしてはいけないとばかり思っていた…（中略）…学生のデータ，雰囲気をみて，人と人として対話をしようと思います。（女・2年目）
・熟達者のご意見で「ほめる」というのは，目からウロコでした。（男・8年目）
・本人の意思を尊重するだけでは，良い対応とはいえないということに気づいた。（女・7年目）
② 学生対応における考え方の整理・確認
・何度も窓口に来れるよう信頼関係を気づくことが重要であることも再確認できた。（女・8年目）
・今年4月から教務へ異動し，知識が足りない中で参加したが，自分が考えていたことが間違いではなかったと確認できたことがとてもプラスになった。（女・5年目）
③ 学生対応における知識・能力の必要性
・学生の「第一相談先」としてさまざまな知識を得る必要があると感じました。（男・8年目）
・学生の意思尊重は大事だが，その意思は本当に固いものなのか，確認する（見抜く）力が必要だと感じた。（男・6年目）

表17-3 教材の適切性に関する受講者の評価

頻　度	度数（%）	必要性	度数（%）	難易度	度数（%）
よくある	5（29%）	必要	14（82%）	難しい	1（6%）
たまにある	4（24%）	やや必要	3（18%）	少し難しい	11（65%）
あまりない	5（29%）	あまり必要でない	0（0%）	少し易しい	4（24%）
ほとんどない	3（18%）	必要でない	0（0%）	易しい	1（6%）

※左からそれぞれ，「教材のような場面の対応頻度」「教材のような場面への対応能力の必要性」「教材のような場面への対応難易度」を問う設問の結果を表す（N=17）。

　最後に，SDの反転学習への適用可能性について考察する。今回，事前学習を行った受講者は22名中17名（77%）であった。また，事前学習の回答提出について，最も早かったのは3日前（2名）であり，締切日当日が11名と最も多く，4名は締切後に回答していた。回答内容が不適切（文字数が極端に少ないなど）なものはなかった。また，反転学習という方法については，受講者から「事前に前提を共有できてよかった」「事前に考え方を整理できた」「それほど負担は感じなかった」といった評価が得られた。

　ところで，先述した受講者が得られた気づきの中で，「本人の意思を尊重するだけでは，良い対応とはいえない」というコメントがあった。これは〈わかったつもり〉が〈わかった〉に変わった結果を示すものではないだろうか。「学生の意思尊重」については，事前学習で多くの受講者が言及していた。その解釈はさまざまであったが，対面学習により受講者は解釈の多様性を認識し，自身の解釈を問い直すことができたといえる。

　また，多くの受講者から，学生対応における考え方の整理・確認に関する気づきも得られていた。これは事前学習という「意図的に作られた場」への参加により，自身の信念を省察し，行動方略を言語化した影響が大きかったと考えられる。事前学習の実施により，自身の信念や行動方略の正しさを，対面学習で確認しやすくなったと考えられる。

　つまり，学生や生徒を対象とした実践同様，事前学習を行わない受講者への配慮は必要であるものの，業務に対する意識変容や信念・行動方略の整理や確認に反転学習が効果的である可能性があるといえる。その意味で，反転学習はSDにも十分適用可能といえる。

6　課題と今後の展望

　本研修は，受講者が学修支援における方略や考え方の多様性を学ぶことが目的であった。受講者が先述したような新たな気づきを得られたことから，研修は一定の効果があったと考える。しかし，業務でそれらの気づきが活かされたかは未検証である。また，本研修で取り上げたのは，数ある学生対応の1ケースに限られていた。受講者から，他のケースでの研修や他部署の職員も交えた研修を行いたいという新たなニーズも生まれており，継続的な研修実施や効果検証は，今後の課題である。また，適切な学修支援を行うためのセオリーを発見するためには，継続的な研修の実施結果を分析するとともに，事前学習の回答内容や対面学習の議論内容のさらなる分析も必要であろう。

　また，今回は筆者が教員とともに研修のデザイン及び講師役を担当したが，その過程で気づいた点を3点述べることで結びとしたい。

　1点目は，専門的知識がなくても研修は職員自身が作れる，ということである。確かに，講師役や研修の時間配分については，教員や外部講師の方が得意かもしれない。しかし，教材作成に必要な素材の吟味など，当事者である職員の方が得意な部分もあると考える。たとえば，教務系職員からニーズを聞き，シナリオを作成し，教材を撮影及び編集し，熟達者へインタビューした結果をまとめる，といったようなことである。講師役の場数さえ踏めば，職員自身が研修を作ることは十分可能と考えられる。

　2点目は，研修デザインそのものがSD，ということである。研修デザインの過程で，筆者自身が多くの気づきを得た。特に，筆者は管理職や指導職ではないため，熟達者と時間をかけて対話する機会は多くないが，今回のインタビューを通して熟達者の考えを知り，大学職員として必要な意識や行動を学べた。また，教務系職員の日常業務や多様な考え方を知ることができた。研修デザインへの関与は，SDの絶好の機会となることは確信できる。

　3点目は，Off-JTはOJTを補完する，ということである。今回，受講者のワークシートに「普段，みなさんと考えを共有したり討論したりする機会がなかなか無かった……（3年目・女性）」「窓口対応は重要にもかかわらず，研修する機会は少ない。今回は客観的に考える機会となり…（21年目・女性）」といった回答がみられた。確かに，日常業務にすぐに還元可能なのはOJTかもしれないが，OJTは担当業務や，メンターの関与度合いなどによって，トレーニングされる内容や頻度がばらつ

きやすい。本来なら教務系職員全員が学ぶべき内容も，OJT頼みでは限界がある。Off-JTは共通の内容を一斉に行えるため，この点を補完できる。したがって，一見OJTで行う方が適当にみえる内容でも，敢えてOff-JTとして行う価値は十分あると考える。

このように，職員が自ら研修デザインを行うOff-JTは，SDとして高い効果が期待される。特に，学修支援においては，学生個人の状況にあった対応を行う必要がある。そのためには，学修支援における信念やそれに基づく自身の行動方略を省察し，他者との議論を通じて新たな気づきを得ることが効果的である。反転学習は，そのようなSDとしての効果を高める大きな一助になると考える。さらに，反転学習の手法は研修をデザインする側の職員にとっても高い効果をもたらすといえるだろう。

【引用・参考文献】

ベネッセ総合教育研究所（2014）.『高大接続に関する調査』
ベネッセ総合教育研究所（2015）.『大学での学びと成長に関する振り返り調査』
森 朋子（2014）.「キーワードで読み解く大学改革の針路 第1回 反転授業」『Between』**245**, 34-35.
森 朋子（2015）.「反転授業―知識理解と連動したアクティブラーニングのための授業枠組み」，松下佳代・京都大学高等教育研究開発推進センター［編著］『ディープ・アクティブラーニング―大学授業を深化させるために』勁草書房，pp.52-57.
Brown, A. L. (1992). Design experiments: Theoretical and methodological challenges in creating complex interventions in classroom settings, *The Journal of the Learning Sciences*, **2**(2), 141-178.
Keller, J. M. (2009). *Motivational design for learning and performance: The ARCS model approach*. Springer Science & Business Media.（ケラー, J. M.／鈴木克明［監訳］（2010）.『学習意欲をデザインする―ARCSモデルによるインストラクショナルデザイン』北大路書房）

あとがき

　思い返せば，編者の森朋子さんより反転授業の研究プロジェクトに関わってほしいと話を受けたのは，2013年のことだった。国内外から flipped classroom（反転授業）というのを頻繁に耳にし始めた時期でもあり，山内祐平先生（東京大学教授）を中心としたNTTドコモの協力により設置された東京大学大学院情報学環の通称FLIT（反転学習社会連携講座）と呼ばれるプロジェクトが始まったのもこの時期であった（翌年，バーグマンとサムズの翻訳書『反転授業』山内祐平・大浦弘樹監修・上原裕美子訳　オデッセイコミュニケーションズ，が刊行されている）。

　2014年2月には，島根大学で森さんが中心となってのFD研究会「反転授業を考える」が，FLITとの共催のもと開催された。山内先生，私が基調講演をし，島根大学，そして塙雅典先生を中心とする山梨大学工学部の反転授業の実践例が報告された。なにかしら，高等教育における反転授業の夜明けのような印象であったことをよく覚えている。

　個人的には，2010年以来，急ピッチで理論的・実践的に進めてきた高等教育のアクティブラーニングの本をまとめている時期でもあった。最終稿を提出する間際になって，反転授業も書いておくかと急に思い，節を追加して原稿を書いたこともよく覚えている。そこでは島根大学の事例を紹介している。本は2014年9月に『アクティブラーニングと教授学習パラダイムの転換』（東信堂）として刊行された。その2ヶ月後の（2014年）11月には，下村博文前文部科学大臣から中央教育審議会へ諮問が出され，初等中等教育に「アクティブ・ラーニング」が下りていく流れも出てきた。こうして，2013年から2014年という年は，アクティブラーニングや反転授業などの教授学習パラダイムの転換に関する多くの論が一挙に噴出した年でもあった。

　本書は，森さんを中心に取り組んできた，反転授業に関するさまざまな取り組みを，〈理論編〉〈実践編〉としてまとめたものである。そして，『アクティブラーニング型授業としての反転授業』というタイトルを付け，反転授業をアクティブラーニング型授業の発展型の一つとして位置づける理論的作業を加えた。〈理論編〉〈実践編〉で多くの執筆者（教員）は，反転授業に取り組んだ理由を，「学生の受け身ではない，より能動的な学びを創り出したい」「学生にもっと深い学びをしてもらいたい」「理解はしても知識が定着しない学生の状況を何とか改善したい」などと述べて

いる。しかし，このような反転授業に取り組む初発の動機は反転授業に限られたものではなく，アクティブラーニング（型授業）と包括される他の教授学習戦略においても数多く述べられてきたことである。反転授業をアクティブラーニング型授業の一つとして位置づける理由でもある。そして，このような動機が，アクティブラーニングの基底に流れる学習パラダイムを実現していくものであることを強調しておきたい。何の位置づけもないただの反転授業の本ではなく，アクティブラーニング型授業の体系に位置づけられた反転授業の本として読まれることで，その上位概念であるアクティブラーニング（型授業），ひいては学習パラダイムが理論的に，実践的により発展していくことと期待している。

　反転授業の実践の展開とは別に，その効果を検証していく作業は，アクティブラーニング型授業の効果検証のフレームで引き取り，科学研究費や大学教育学会の課題研究の助成を受けながら進めている。

- 日本学術振興会科学研究費挑戦的萌芽研究「アクティブラーニングとしての反転学習の効果検証」（2015～2016年度，課題番号 15K12411）（代表：溝上慎一）
- 大学教育学会課題研究助成「アクティブラーニングの効果検証」（2015～2017年度）（代表：溝上慎一）
- 日本学術振興会科学研究費基盤研究 (B)（一般）「学習成果に結実するアクティブラーニング型授業のプロセスと構造の実証的検討と理論化」（2016～2018年度，課題番号 16H03075）（代表：溝上慎一）

　残念ながら，この検証には理論，指標開発など多大な作業と時間を要しており，まだ一般的に示せる段階には来ていない。しかし，この作業も終わりは見えてきたので，近い将来報告する機会を設けたいと思っている。

　最後に，反転授業を含めたアクティブラーニング型授業のデータ収集にご協力くださっている約70名の先生，大学機関に厚くお礼を申し上げたい。この中の一部の先生には，本書〈理論編〉〈実践編〉の章執筆も依頼した。あわせてお礼を申し上げたい。

　反転授業，ひいてはアクティブラーニング型授業の効果検証のプロジェクトに従事している森さんと私以外のメンバー（以下敬称略）——本田周二（大妻女子大学講師），三保紀裕（京都学園大学准教授），山田嘉徳（大阪産業大学講師），紺田広明（関西大学助教），山田邦雅（北海道大学准教授），長澤多代（三重大学准教授）——の多大

なる協力にもお礼を申し上げる。連携協力者である高橋哲也（大阪府立大学教授・学長補佐），林透（山口大学准教授），川越明日香（長崎大学助教），関田一彦（創価大学教授）の各先生方，そして，調査票の配布やデータ・個人情報の管理をしている木村麻子さん（京都大学 溝上研究室秘書），三保涼子さん（京都大学事務補佐員），フィードバックの作成をされている富田千尋さん，土谷弘美さんにもお礼を申し上げたい。

　出版事情の厳しいなか，本書の刊行を快く引き受けてくださったナカニシヤ出版編集部の米谷龍幸さんにも厚くお礼を申し上げたい。

2017 年 3 月

溝上慎一

事項索引

A-Z

ADDIE　*17*
AP　*57*
ARCSモデル　*200*
DP　*166*
FD　*140*
ICT　*i, 85*
LMS　*34, 132, 181*
LTD　*57*
MOOCs（MOOC）　*15, 153*
Moodle（moodle）　*34, 47, 121, 169, 181*
OJT（On the Job Traning）　*198*
PBL（Problem-based learning）　*185, 187*
PowerPoint（パワーポイント，PPT）　*7, 99, 121, 168*
SPOC　*153*
TBL（Team-based learning）　*186*
TEDTalks　*90*
Wistia　*8*

ア行

アクティブラーニング　*15, 27, 29, 37, 57, 86, 108, 142, 152, 168, 169, 186, 191*

eラーニング（e-learning）　*86, 111, 115, 140, 144, 180, 182*
インストラクショナル・デザイン　*29*

カ行

学習者中心　*85*
学習スタイル　*85*
完全習得学習型　*151*
教授方略　*69, 73*
協調学習　*53*
高次能力学習型　*151*
個別指導　*55, 73, 157*

サ行

サイクル　*17*
ジグソー法　*61, 62, 125*
事後学習　*80*
事前学習　*5, 11, 20, 162, 172, 199, 200*
事前課題　*5*
授業外学修時間　*3, 13*
授業コンセプト　*31, 32*
授業デザイン　*17*
職員の能力育成（SD）　*197, 205*
自律性　*92*

タ行

対話ジャーナル　*64, 65*
著作権　*8, 61*
デザイン実験アプローチ　*197*

ナ行

認知プロセスの外化　*108, 114*
ノート　*20, 22*

ハ行

発展課題　*5*
反転学習　*199, 205*
反転授業　*i, 3, 13, 15, 19, 20, 23, 43, 45, 52, 54, 59, 69, 71, 77, 86, 91, 94, 104, 114, 120, 123, 127, 129, 140, 142, 146, 151, 166, 173, 191-194*
ブレンディッド学習　*140*

ラ行

ラーニングコモンズ　*112*

人名索引

A-Z

Brown, A. L.　　197

Gagné, R.　　30

Heath, C.　　151, 152, 193

ア行

浅田義和　　194
アッシュ, イアン・トーマス　　154-157
阿濱志保里　　i, 168, 173
安部有紀子　　128, 129, 132, 135

井上博樹　　121
岩居弘樹　　90
岩根　久　　i

上原裕美子　　209

エンゲストローム, Y.　　193

大浦弘樹　　151, 152, 208
大藪加奈　　92
岡嶋偉久子　　111
小川　勤　　93
奥田阿子　　i, 85, 91
奥羽充規　　85
小野田公　　194
折田　充　　86

カ行

鹿住大助　　97

ガディリ, K.（Ghadiri, K.）　　93
加藤智美　　185
川越明日香　　210

木村麻子　　210

工藤雅之　　86

ケラー, J. M.（Keller, J. M.）　　200

小林亜希子　　i
小林和広　　i
昆　恵介　　192, 194
紺田広明　　210

サ行

佐藤亜紀　　194
サムズ, A.　　208

七田麻美子　　i, 97
芝池宗克　　94
柴田喜幸　　i

菅岡強司　　86
杉澤武俊　　i
鈴木克明　　34, 147
鈴木貞美　　107
鈴木康之　　185

瀬尾宏美　　186
関田一彦　　211

タ行

髙橋哲也　　211

竹中喜一　　i
立石百合子　　111
田丸恵理子　　i, 16, 17

土田邦彦　　86

寺田　寛　　98

ドイル, A. C.　　47

ナ行

長澤多代　　210
中條清美　　86
中西洋介　　94

西尾克己　　186
西尾三津子　　i
西屋克己　　i, 194

ハ行

バーグマン, J.（Bergmann, J.）　　208
塙　雅典　　16, 17, 94, 209
濱本久二雄　　i
林　透　　211

ファインマン, R.　　54

藤井貞和　　112
伏木田稚子　　i, 159
船森美穂　　69
プローバー, C. G.（Prober, C. G.）　　151, 152, 193

本田周二　　97, 104, 210

マ行

マイケルセン, L. K.（Michaelsen, L. K.） 186
松尾和幸 121
松下佳代 64, 65, 69

三木洋一郎 186
溝上慎一 85, 108, 210
三保紀裕 85, 91, 210
三保涼子 210
三宅なほみ 88

宗岡　徹 i
望月雅光 i
森澤正之 20
森　朋子 3, 4, 13, 49, 69, 85, 86, 97, 129, 199, 209, 210

ヤ行

矢野浩二朗 i, 3, 4, 13
山内祐平 151, 152, 193, 209
山崎　進 i, 30, 37, 38

山田邦雄 210
山田嘉徳 i, 210

吉田新一郎 142

ラ行

リスクティン, ニコラ 154, 155

ワ行

若林則幸 194

執筆者紹介（執筆順，編者は*）

森　朋子*（もり・ともこ）
桐蔭横浜大学副学長教育研究開発機構教授
執筆担当：まえがき

矢野浩二朗（やの・こうじろう）
大阪工業大学情報科学部准教授
執筆担当：01

田丸恵理子（たまる・えりこ）
富士ゼロックス
執筆担当：02

山崎　進（やまざき・すすむ）
北九州市立大学准教授
執筆担当：03

小林和広（こばやし・かずひろ）
島根大学生物資源科学部准教授
執筆担当：04

望月雅光（もちづき・まさみつ）
創価大学経営学部教授
執筆担当：05

山田嘉徳（やまだ・よしのり）
大阪産業大学全学教育機構講師
執筆担当：06

濱本久二雄（はまもと・くにお）
前 関西大学理工学教育開発センター
特別任用教授
執筆担当：06

奥田阿子（おくだ・あこ）
長崎大学言語教育研究センター助教
執筆担当：07

小林亜希子（こばやし・あきこ）
島根大学法文学部准教授
執筆担当：08

七田麻美子（しちだ・まみこ）
総合研究大学院大学准教授
執筆担当：09

杉澤武俊（すぎさわ・たけとし）
新潟大学人文社会・教育科学系准教授
執筆担当：10

岩根　久（いわね・ひさし）
大阪大学大学院言語文化研究科教授
執筆担当：11

宗岡　徹（むねおか・とおる）
関西大学会計研究科教授
執筆担当：12

西尾三津子（にしお・みつこ）
関西大学総合情報学研究科
執筆担当：12

伏木田稚子（ふしきだ・わかこ）
首都大学東京大学教育センター准教授
執筆担当：13

阿濱志保里（あはま・しほり）
山口大学知的財産センター特命准教授（執筆時）
執筆担当：14

柴田喜幸（しばた・よしゆき）
産業医科大学准教授
執筆担当：15

西屋克己（にしや・かつみ）
関西医科大学学長特命教授・医学教育センター長（元香川大学医学部医学教育学准教授）
執筆担当：16

竹中喜一（たけなか・よしかず）
関西大学学事局授業支援グループ職員
執筆担当：17

溝上慎一*（みぞかみ・しんいち）
学校法人桐蔭学園 理事長・桐蔭横浜大学学長・教授，トランジションセンター 所長
執筆担当：あとがき

※編者を除く著者紹介については執筆当時のもの

アクティブラーニング型授業としての反転授業［実践編］

2017 年 5 月 30 日　初版第 1 刷発行
2021 年 11 月 20 日　初版第 2 刷発行

編　者　森　朋子
　　　　溝上慎一
発行者　中西　良
発行所　株式会社ナカニシヤ出版
〒606-8161　京都市左京区一乗寺木ノ本町 15 番地
　　　　　　　　　Telephone　075-723-0111
　　　　　　　　　Facsimile　075-723-0095
　　　　　Website　http://www.nakanishiya.co.jp/
　　　　　Email　iihon-ippai@nakanishiya.co.jp
　　　　　　　　　郵便振替　01030-0-13128

印刷・製本＝ファインワークス／装幀＝白沢　正
Copyright © 2017 by T. Mori, & S. Mizokami
Printed in Japan.
ISBN978-4-7795-1089-2

本書のコピー，スキャン，デジタル化等の無断複製は著作権法上の例外を除き禁じられています。本書を代行業者等の第三者に依頼してスキャンやデジタル化することはたとえ個人や家庭内の利用であっても著作権法上認められていません。

ナカニシヤ出版 ◆ 書籍のご案内

大学生の主体的学びを促すカリキュラム・デザイン
アクティブ・ラーニングの組織的展開にむけて
日本高等教育開発協会・ベネッセ教育総合研究所 [編]
佐藤浩章・山田剛史・樋口 健 [編集代表]
全国の国立・公立・私立大学の学科長へのアンケート調査と多様なケーススタディから見えてきたカリキュラム改定の方向性とは何か。　　　　　　　　　　　　　　2400 円＋税

もっと知りたい大学教員の仕事
大学を理解するための 12 章　羽田貴史 [編著]
カリキュラム，授業，ゼミ，研究倫理，大学運営，高等教育についての欠かせない知識を網羅。これからの大学教員必携のガイドブック。　　　　　　　　　　　　　　2700 円＋税

大学における e ラーニング活用実践集
大学における学習支援への挑戦 2
大学 e ラーニング協議会・日本リメディアル教育学会 [監修]
大学教育現場での ICT を活用した教育実践と教育方法，教育効果の評価についての知見をまとめ様々なノウハウを徹底的に紹介する。　　　　　　　　　　　　　　　　3400 円＋税

大学における学習支援への挑戦
リメディアル教育の現状と課題　日本リメディアル教育学会 [監修]
「教育の質の確保と向上」を目指して——500 以上の大学・短大などから得たアンケート結果を踏まえ，日本の大学教育の最前線からプレースメントテスト・入学前教育・初年次教育・日本語教育・リメディアル教育・学習支援センターなど，60 事例を紹介！　　　　　　　　2800 円＋税

学生が変わるプロブレム・ベースド・ラーニング実践法
学びを深めるアクティブ・ラーニングがキャンパスを変える
バーバラ・ダッチほか／山田康彦・津田 司 [監訳]
PBL 導入へ向けた組織的取組み，効果的な PBL 教育の準備，多様な専門分野における PBL 実践事例を網羅する。　　　　　　　　　　　　　　　　　　　　　　　　　3600 円＋税

学士力を支える学習支援の方法論
谷川裕稔代表編者　長尾佳代子・壁谷一広・中園篤典・堤　裕之編
高等教育機関における「学習支援」の枠組みを明確に提示し，学生の質保証という難題に立ち向かうさまざまな工夫と実践を網羅する。　　　　　　　　　　　　　　　3600 円＋税

教育現場の「コンピテンシー評価」
渡部信一 [編著]
学力という範疇に収まり切れない能力、いわゆるコンピテンシーをさまざまな教育現場ではどう測ってきたのか。多様な評価方法に学ぶ。　　　　2400円＋税

教養教育の再生
林　哲介 [著]
教育答申や財界の意見等を批判的に読み解きながら教養教育の変容をふりかえり、何が欠落してきたか、あるべき姿とは何かを提言する　　　　2400円＋税

身体と教養
身体と向き合うアクティブ・ラーニングの探求　山本敦久 [編]
ポストフォーディズムのコミュニケーション社会において変容する身体と教育との関係を大学の身体教育の実践現場から捉える。　　　　2800円＋税

学生と楽しむ大学教育
大学の学びを本物にするFDを求めて　清水 亮・橋本 勝 [編]
学生たちは，大学で何を学び，何ができるようになったのか。個々の教員・職員・学生，そして大学コミュニティがもつ活力を活性化し，大学教育を発展させる実践を集約。　　　　3700円＋税

学生・職員と創る大学教育
大学を変えるFDとSDの新発想　清水 亮・橋本 勝 [編]
学生が活き、大学が活きる。教員・職員・学生が一体となって推進する今、大学に不可欠な取組を理論と実践からトータルに捉える！　　　　3500円＋税

学生，大学教育を問う
大学を変える，学生が変える3　木野 茂 [編]
学生・教員・職員の関わる大学教育とは何か――全国の80以上の大学に広がった学生FD活動の実際と数百人の学生，教職員が集う白熱の学生FDサミットの内容を幅広く紹介。　　　　2800円＋税

学生FDサミット奮闘記
大学を変える、学生が変える2：追手門FDサミット篇
木野　茂 [監] 梅村 修 [編]
大学授業の改善について思い悩む300名以上の学生・教員・職員が、大学を越え、対話を行い、作り上げたサミットの軌跡と記録！　　　　2500円＋税

高校・大学から仕事へのトランジション
変容する能力・アイデンティティと教育　溝上慎一・松下佳代［編］
若者はどんな移行の困難の中にいるのか──教育学・社会学・心理学を越境しながら，気鋭の論者たちが議論を巻き起こす！
2800 円＋税

アメリカの大学に学ぶ学習支援の手引き
日本の大学にどう活かすか　谷川裕稔［編］
日本の大学にも現在，定着しつつある入学前教育，初年次教育，リメディアル教育といった教育支援プログラムは，いかなる経緯でアメリカの大学に生み出されたものなのか。そして，それをどう活かすべきなのか。歴史とさまざまな実践について丁寧に整理し，活用の道を拓く。
3200 円＋税

大学におけるアクティブ・ラーニングの現在
学生主体型授業実践集　小田隆治［編］
日本の大学で行われているアクティブ・ラーニングの多様性と豊かさを伝えるとともに、その導入のヒントとなる実践事例集。
2800 円＋税

かかわりを拓くアクティブ・ラーニング
共生への基盤づくりに向けて　山地弘起［編］
アクティブラーニングを縦横に活用した大学授業を取り上げ，メッセージ・テキスト，学習の意義，実践事例，授業化のヒントを紹介。
2500 円＋税

アクティブラーニングを創るまなびのコミュニティ
大学教育を変える教育サロンの挑戦　池田輝政・松本浩司［編著］
大学における授業改善・教育改革をめぐって多様な人びとがストーリーを語り合う教育サロンへの「招待状」。
2200 円＋税

学生主体型授業の冒険 2
予測困難な時代に挑む大学教育　小田隆治・杉原真晃［編］
学生の主体的な学びとは何か？　学生の可能性を信じ、「主体性」を引き出すために編み出された個性的な授業と取り組みを紹介し、明日の社会を創造する学びへと読者を誘う注目の実践集，第二弾！
3400 円＋税

私が変われば世界が変わる
学生とともに創るアクティブ・ラーニング　中 善則・秦美香子・野田光太郎・師 茂樹・山中昌幸・西澤直美・角野綾子・丹治光浩［著］
学生と学生，教員と学生，学生と社会，社会と大学をつなぐ。大学教育の実践現場から届いたアクティブ・ラーニング活用術。
2400 円＋税

大学1年生のための日本語技法
長尾佳代子・村上昌孝［編］
引用を使いこなし、論理的に書く。徹底した反復練習を通し、学生として身につけるべき日本語作文の基礎をみがく初年次科目テキスト。　　　　　　　　　　　　　　　　　　　1700円＋税

コミュニケーション実践トレーニング
杉原　桂・野呂幾久子・橋本ゆかり［著］
信頼関係を築く、見方を変えてみる、多様な価値観を考える——ケアや対人援助などに活かせる基本トレーニング。　　　　　　　　　　　　　　　　　　　　　　　　　　　　　　　1900円＋税

大学1年生からのコミュニケーション入門
中野美香［著］
充実した議論へと読者を誘う基礎から応用まで網羅した平易なテキストと豊富なグループワーク課題を通じて企業が採用選考時に最も重視している「コミュニケーション能力」を磨く。【教員用指導マニュアル情報有】　　　　　　　　　　　　　　　　　　　　　　　　　　　　　1900円＋税

大学生からのプレゼンテーション入門
中野美香［著］
現代社会で欠かせないプレゼンテーション——書き込みシートを使って、プレゼン能力とプレゼンをマネジメントする力をみがき段階的にスキルを発展。大学生のみならず高校生・社会人にも絶好の入門書！【教員用指導マニュアル情報有】　　　　　　　　　　　　　　　　　　　1900円＋税

理工系学生のための大学入門
アカデミック・リテラシーを学ぼう！　　金田　徹・長谷川　裕一［編著］
理工系学生のための初年次教育用テキスト。大学生としてキャンパスライフをエンジョイする心得を身につけ、アカデミック・ライティングやテクニカル・ライティング、プレゼンテーションなどのリテラシーをみがこう！【教員用指導マニュアル情報有】　　　　　　　　　　　　　1800円＋税

自己発見と大学生活
初年次教養教育のためのワークブック　　松尾智晶［監修・著］・中沢正江［著］
アカデミックスキルの修得を意識しながら、「自分の方針」を表現し合い、問いかけ、楽しみつつ学ぶ機会を提供する初年次テキスト。別冊ワークブック、リフレクションノート付。　1500円＋税

3訂 大学 学びのことはじめ
初年次セミナーワークブック　　佐藤智明・矢島　彰・山本明志［編］
高大接続の初年次教育に最適なベストセラーワークブックをリフレッシュ。全ページミシン目入りで書込み、切り取り、提出が簡単！
【教員用指導マニュアル情報有】　　　　　　　　　　　　　　　　　　　　　　　　1900円＋税